かしこい子どもに育つ

礼儀と作法

よくわかる小笠原流礼法

弓馬術礼法小笠原流 次期宗家
小笠原清基

方丈社

目次

はじめに 008

姿勢と動作

01 正しい「立つ姿勢」 020
02 正しい「座る姿勢」 024
03 正しい「座り方」「立ち方」 030

04 正しい「イスに座る姿勢」「イスに座る動作」 034

05 正しい「歩き方」 038

子どもに教えたい小笠原流礼法
気持ちをお腹に持たせる 041

もっと知りたい小笠原流礼法1
心に一張の弓を持つ 042

おじぎ

06 正しい「立ってのおじぎ」 048

子どもに教えたい小笠原流礼法
なぜ、あいさつが必要なのか 051

07
正しい「座ってのおじぎ」 052
子どもに教えたい小笠原流礼法
「残心」を大切にする 055

08
正しい「行きあいの礼」「前通りの礼」 056

もっと知りたい小笠原流礼法2
呼吸に動作を合わせる 060

室内出入りの作法

09
正しい「ドアの開け方、閉め方」 066
子どもに教えたい小笠原流礼法
体の中心より右にある物は右手、左にある物は左手で 069

10 正しい「引き戸の開け方、閉め方」 070
11 正しい「座布団の座り方」 074
子どもに教えたい小笠原流礼法
極めれば無色無形なり 077
もっと知りたい小笠原流礼法3
進退中度 078

物の持ち方、受け渡し方

12 正しい「物を持つときの姿勢」 084
13 正しい「物の受け渡し方」 088

もっと知りたい小笠原流礼法4
男子は左手で物を持つ 092

5
訪問の作法

14 正しい「玄関での作法」 098
15 正しい「訪問の作法」 102
16 正しい「お茶とお菓子のすすめ方と、いただき方」 106

もっと知りたい小笠原流礼法5
上座・下座をつねに意識する 110

食事の心得

17 正しい「箸の扱い方」 116
18 正しい「食事のいただき方」 120
19 「つつしみたい箸使い」 124
もっと知りたい小笠原流礼法6
最初と最後を、あえてゆっくりと 128
おわりに 130

はじめに

私たちは、「自分ひとり」で生きているわけではありません。ふだんの生活の中では、必ず人と人とのつきあいがあります。そこで基本となるのが、礼法です。

礼法というと、決まりごとばかりでガチガチにかた苦しいもの、ややこしくて覚えるのがめんどくさいものと思うかもしれません。しかし、それは違います。礼法は、人と人とのあいだをスムーズにするもの、お互いに快適に暮らしていくためのもの。ひいては、無駄な敵をつくらず自分らしく生きていくためのものです。

しかし昨今、マナーやエチケットとされているものには見た目の美しさにとらわれ、形をつくることに専心しているようなものが見受けられます。

それに対して、850年以上の歴史があり、一子相伝として伝承されてきた小笠原流礼法は、形式主義的なものではありません。


小笠原家は代々、弓馬術礼法の師範として将軍家に仕えてきました。よって小笠原流礼法は、武家の礼法が基となっています。

武家の礼法は、とても合理的です。もしそこに無駄な動きが含まれていたら、敵に襲われたときにすぐに立ち回れないなど、戦の場では不利になってしまうからです。

したがって小笠原流の礼法は飾りでつくった動きではなく、無駄をそぎ落として洗練された動きです。基本は「実用」「省略」「美」。つまり「日常の行動として役に立ち、無駄がなく、ほかから見て美しくある」ということです。

では、「なぜ今、武士の時代に生まれた礼法を学ぶ必要があるのか？」「子どもたちには、今の時代に合った礼儀作法を身につけさせるべきではないか」という疑問も当然わいてくるでしょう。しかし、850年以上も受け継がれてきたということは、それが「理にかなっているから」であり、「必要とされているから」だと思うのです。

小笠原流礼法が、体の無駄な動きを省き、必要最小限の機能を使うことを大切にしているのは、それが、体への負担がもっとも少ないからです。くわしくは本文で述べますが、小笠原流礼法のひとつひとつは、人間の骨格に合った＝体に無理のない動きです。

そのため、疲れにくく、足腰を痛めることもありません。むしろ、体が本来持っている機能がより生かされ、その結果、走る速度が上がる、作業の効率が良くなるなど、パフォーマンスのアップにもつながります。

そのことから考えても、礼法を幼いうちから身につけることができれば、いつまでも体を健やかに保つことができるし、勉強にも良い影響が及ぶのではないでしょうか。

たとえば、小学校受験のために子どもに礼儀作法を身につけさせようと「型」ばかり教えても、受験が終わればすぐに忘れてしまうでしょう。しかし、体に無理がなく、理にかなった礼儀や作法であれば、それが自然のことなので体と心にしみ込み、大人になってからもおおいに役立つはずです。

小笠原流礼法は「なぜ、こうするのか？」という裏づけの理論を大切にしています。伝統を重んじる世界では「昔からこうしているから」という決まりやしきたりが少なくありません。しかしそれでは、教えられた側、とくに何事に対しても「なぜ？　なぜ？」と知りたがる幼い子どもはとうてい納得できず、礼儀や作法を覚える気にもならないでしょう。

礼法を通じて「なぜ、こうするのか？」を考える習慣ができると、臨機応変に動けるようになります。臨機応変とは、その場の状況に応じて対応を変えること。ただ、何事もマニュアル頼みになりがちな現代人にとって、これはなかなかむずかしいようです。

ビジネスの現場でも「いわれたことしかできない。自分で考えて動けない人が多い」という声をよく耳にします。物事がすべて想定どおりに運べば、マニュアルはとても有効でしょう。しかし、生きていれば、いつどんなことが起こるかわかりません。だからこそ、臨機応変に動けることが大事なのです。

それには「なぜ、こうするのか？」「なぜ、こうしなくてはいけないのか？」と考えた上での論理的な判断を即座にする必要があるのです。

これからは「ＡＩ（人工知能）」の時代だといわれます。ＡＩが普及すれば、マニュアルがあればほとんどのことを任せられるようになるかもしれません。そんな中にあって、自分の存在意義を見い出し、食べていくための仕事を見つけ、何があっても生き抜いていくためには、何よりも「自分で考える力」が求められるのではないでしょうか。

学校のテストで良い点を取ることも大切でしょう。しかし、これからは自分で考え、行動できる子が、本当の意味での「かしこい子」なのではないかと、私は考えています。

考える力を鍛えるためにも、小笠原流礼法を知り、「なぜ、こうするのか？」を理解し、実践していただきたいと思います。

本書では、小笠原流礼法に基づいて、子どものうちから身につけておきたい基本動作を紹介し、稽古のしかた、子どもへの教え方についても解説しています。

「立つ、座る、歩く、物を持つ、食べる」。毎日の生活の中でこれらの動作を正しくするにはどうすれば良いのか。なぜ、正しくする必要があるのか。ひとつひとつを考えながら稽古を続けると、体だけでなく心も鍛えられるでしょう。その結果、手に入れられるのは品格です。なぜなら、小笠原流礼法は「人の上に立つ者としての心得」でもあるからです。

見るのも聞くのも感じるのも「初めて」が多い子どもは、おどろくほどの吸収力を持っています。礼法も、意外と興味を持って覚えていくものです。

そして大人にとって小笠原流礼法は、目から鱗が落ちるようなことが少なくないでしょう。「たしかに、このようにしたほうが体が楽だ」「美しく見える」と感じることが少なくないはずです。どうぞ親子で一緒に、楽しく、面白がって稽古をしてみてください。

1

姿勢と動作

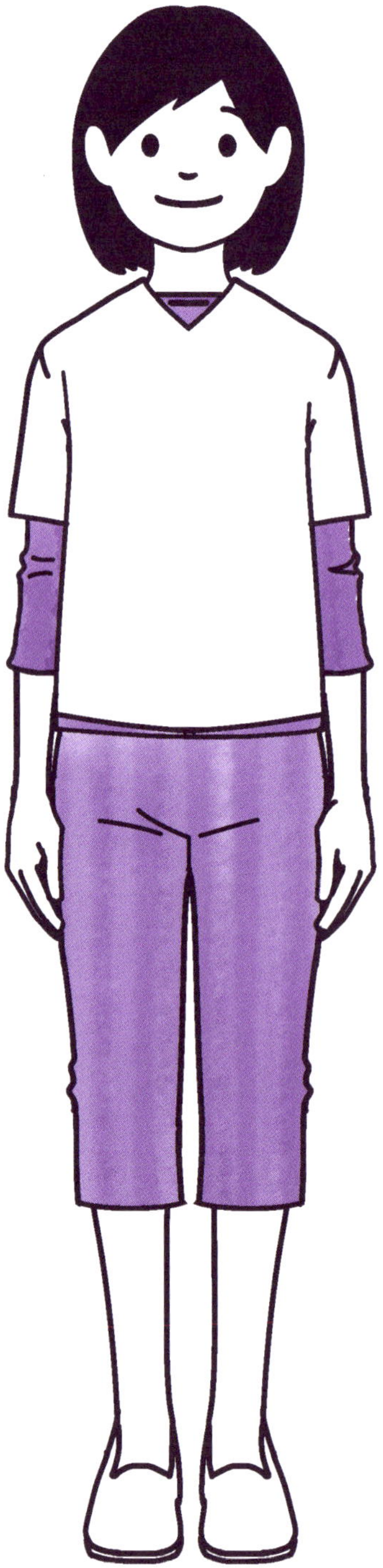

Q

姿勢はなぜ正しくしなければいけないの？

A

そうしないと、
体が痛くなる
からです。

小笠原流礼法では、正しい姿勢＝人間の骨格に合った姿勢のこと。人間の体の中心には脊柱（背骨）が通っていますが、この脊柱が本来あるべき姿を保っている状態が正しい姿勢です。

「正しい」というと、かた苦しく思うかもしれませんが、その逆で、体にとってはもっともラクな姿勢です。正しくしていないと、体のあちこちに痛みが出てきてしまいます。

たとえばごはんを食べるとき、猫背になって脊柱が曲がっていると食道や胃が圧迫されてしまいます。すると、食べ物がスムーズに流れず、お腹が痛くなることも。だから、姿勢を正しくしていたほうがいいのです。

また、小笠原流礼法では「正しい姿勢は正しい心につながる」と考えます。つまり、どんな心でも体に表れ、体は心に影響するのです。だから、姿勢は大事なのです。

01

正しい「立つ姿勢」

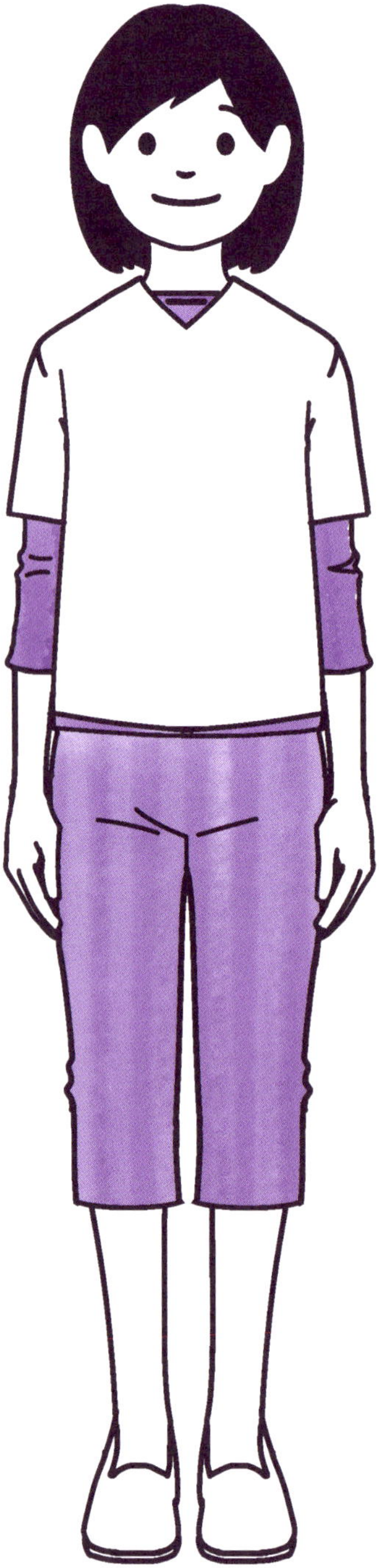

立つ姿勢は、第一印象を大きく左右します。
だからこそ、自然体でありながら
気高く、堂々とした姿をめざしましょう。

立ち姿は、その人の第一印象を決めるものです。少々自信がなくても、立ち姿が正しければ一目置かれるでしょう。また、どんな体型でも美しく見えます。「スタイルがよく見えるよ」というと、子どももやる気が出るかもしれません。

小笠原流礼法が目指すのは、自然体でリラックスしていながら、気高く堂々とした立ち姿。それには、体の軸（脊柱）がゆるやかなS字を描いていることが重要です。2本の足で歩く人間は、重たい頭を脊柱で支えなければいけないので、脊柱には適度なカーブが必要だからです。

この構造は、体が脳の指令どおりに動くための絶対条件でもあります。反り腰や猫背になってS字のカーブが崩れると、脊柱の脇を通る神経経路が圧迫されて呼吸が十分にできなかったり、腰やひざに負担がかかり、痛みが起きます。さらに、脳の働きにも影響します。美しさの前に、だからこそ正しい立ち姿は大事なのです。

立ち方の基本

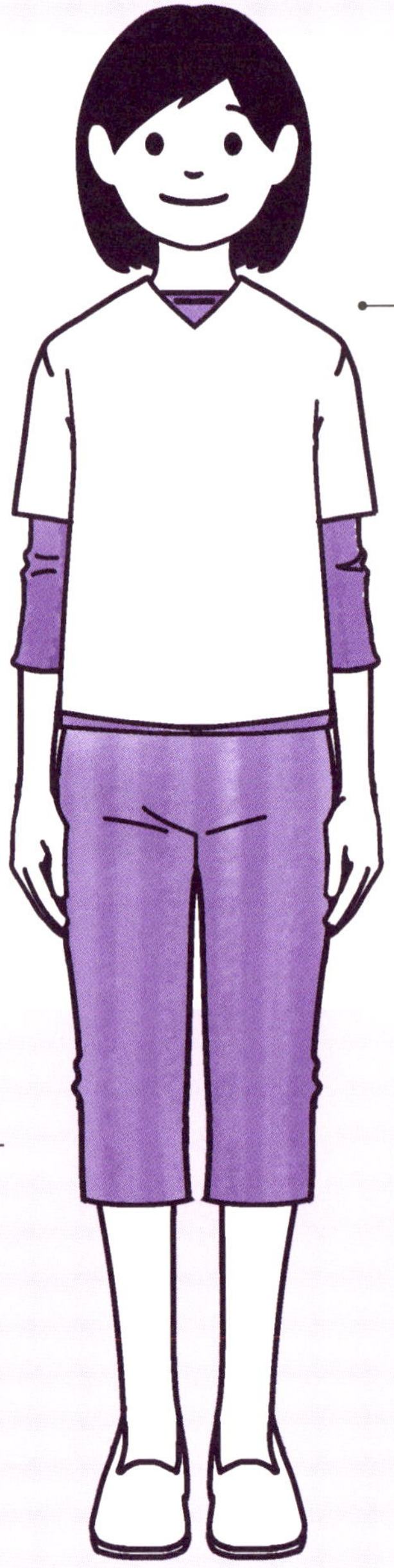
背すじは、身長をはかるイメージで、まっすぐ伸ばす。
重心は、頭の重さが土ふまずに落ちるようなイメージ。
手は力を入れずに自然におろす。指を揃え、手のひらをややくぼませ、軽く太ももに置く。
両足は平行に。

教えるポイント

横から確認

横から見て「耳が肩の上にくるように」「あごが上を向かないように」チェックします。

鎖骨の位置

正面から見たとき、左右の鎖骨がまっすぐに並ぶようにします。たとえば、お風呂場の鏡の縁（横のライン）と左右の鎖骨を結ぶ線が平行になっているかどうか、チェックします。

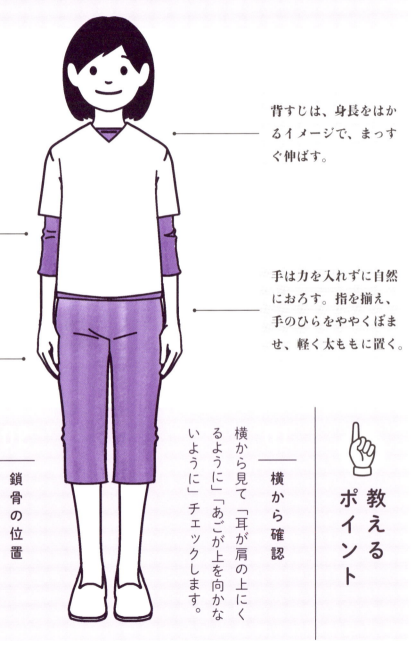

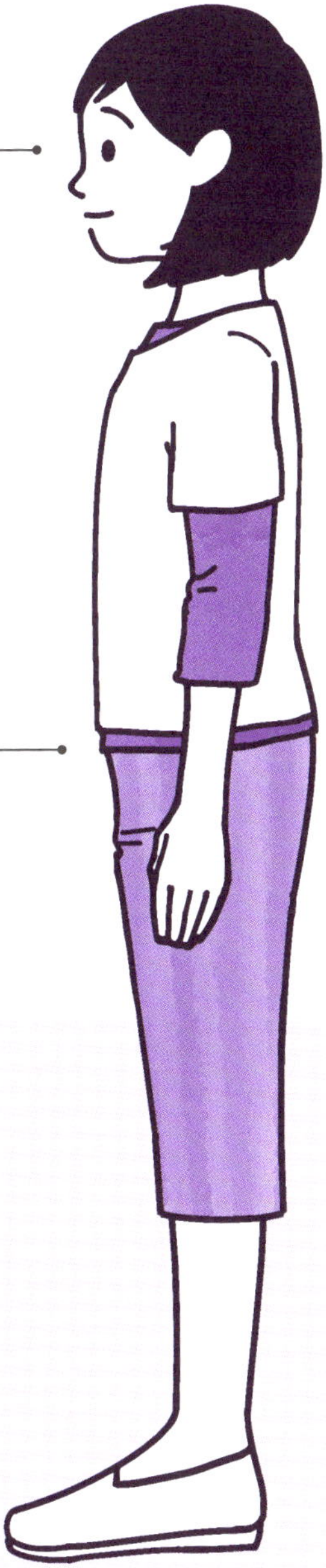
視線は前に。キョロキョロ動かさない。
頭が前に出てうつむいたり、あごが上を向いたりしないように。口は軽く閉じる。
下腹をつきださない。おへその下あたりを意識しながら呼吸を整える。
指を揃えて、手のひらをややくぼませるようにして、手元をきれいに見せる。

指先を意識する

手の先まで美しく見えるよう、「意識を向けること」が大切だと教えましょう。

手を前に組んで立つ姿が正しいとする考え方もあるようですが、小笠原流では、それを良しとはしていません。注意力が散漫になるからです。上半身のうち、脳からもっとも遠い手を組むという行為は、不安から逃れようとする心の表れです。その結果、緊張感や集中力をなくしてしまうのです。

02

正しい「座る姿勢」

ひざを折って座る、正座が原則。
集中力が高まり、勉強意欲もわきます。

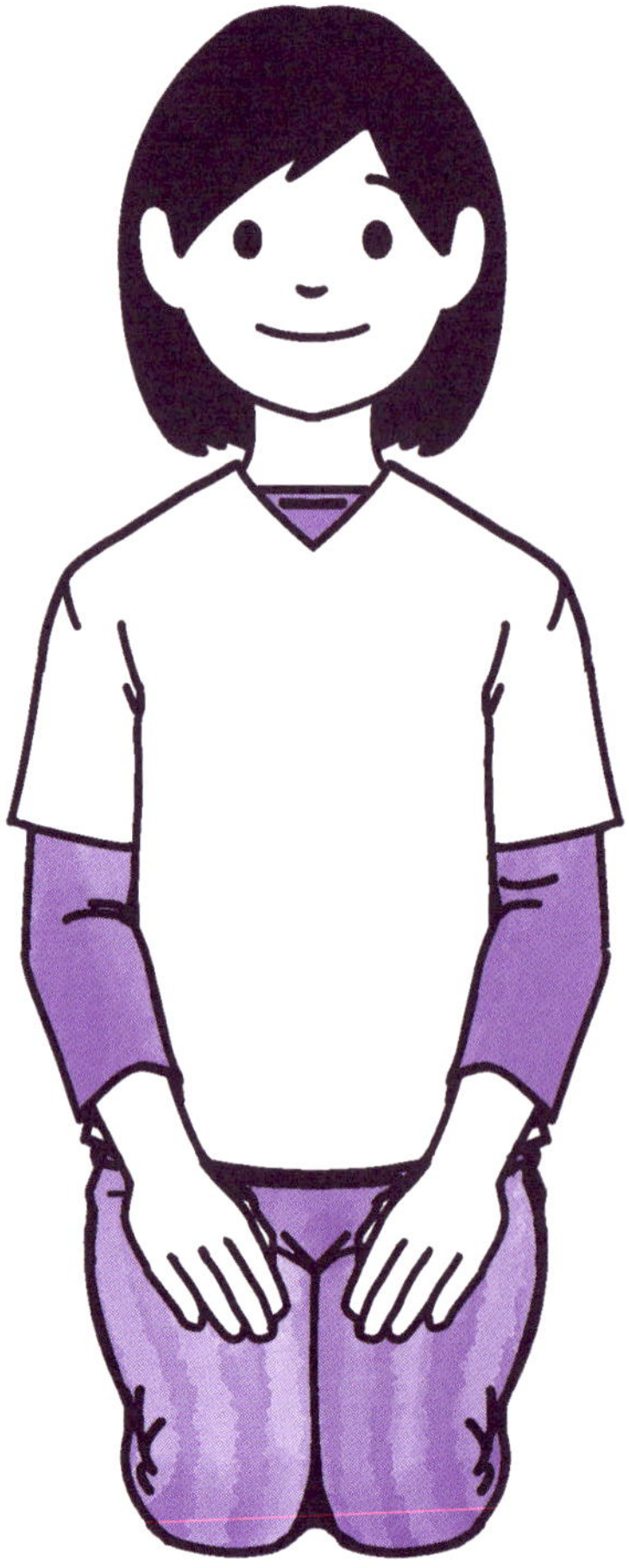

座

ることは、「休む」こととは違います。立つ姿勢と同様に自信に満ち、礼節をわきまえた人間であることを周囲に示したいものです。

正座は、「足がしびれるから」と嫌がる子どもが多いのですが、正しく座れば、足はしびれにくくなります。また、集中力や記憶力も高まるので、子どもには「成績が良くなるよ！」などと励ましながら教えると良いかもしれません。

上半身は「立つ姿勢」と同じです。違うのは下半身。ひざを折り、両足のかかとの上にお尻を乗せます。足のつま先は親指だけを重ね、上半身をやや前に傾けます。こうすると、足がしびれたり痛くなったりしないので、立ち上がる際によろけたり転んだりという粗相がありません。だからこそ、稽古して正座をマスターすることが大切なのです。

02+

跪《き》座《ざ》

「立つ―座る」の流れを美しく、
動きやすくする1ランク上の所作です。

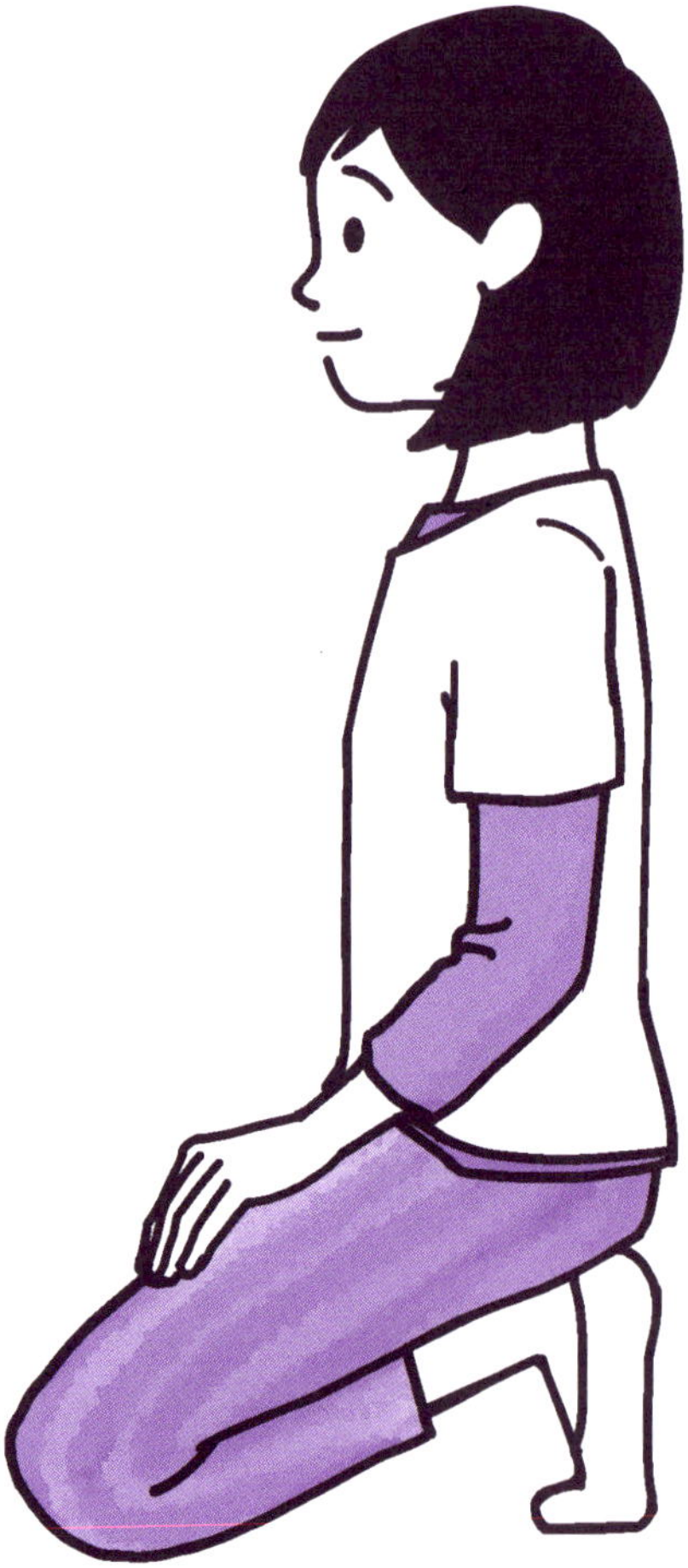

跪

座とは、両ひざを揃えてついた状態で足を立てて、つま先を折り、揃えたかかとの上にお尻を乗せた姿勢。立った姿勢から正座をするとき、正座から立ち上がるとき、室内で低い姿勢で物を動かすような場合、跪座になります。

跪座ができると「立つ―座る」の動作の流れがスムーズになり、上半身がぶれてバランスを崩すことがありません。また、アキレス腱が鍛えられるので足が疲れにくくなります。さらに、正座をして足がしびれてしまった場合でも、この姿勢をとれば、しびれがおさまるので「マスターしておくと安心。正座がこわくなくなるよ」と教えてください。

足首がかたく、痛くてなかなか跪座の姿勢が取れない場合は、お風呂の湯船の中で稽古します。お湯の中は浮力が働くので足首に負担をかけず、温まることで筋肉がほぐれるので、やりやすくなるのです。跪座―正座を繰り返しおこなうとよいでしょう。

正座のしかた

重ねるのは足の親指だけ。左右どちらの親指が上でもかまわない。

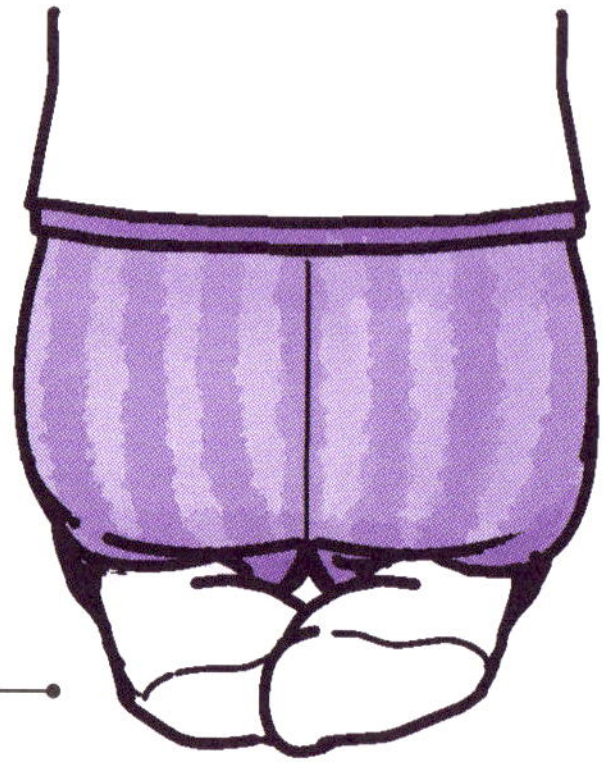

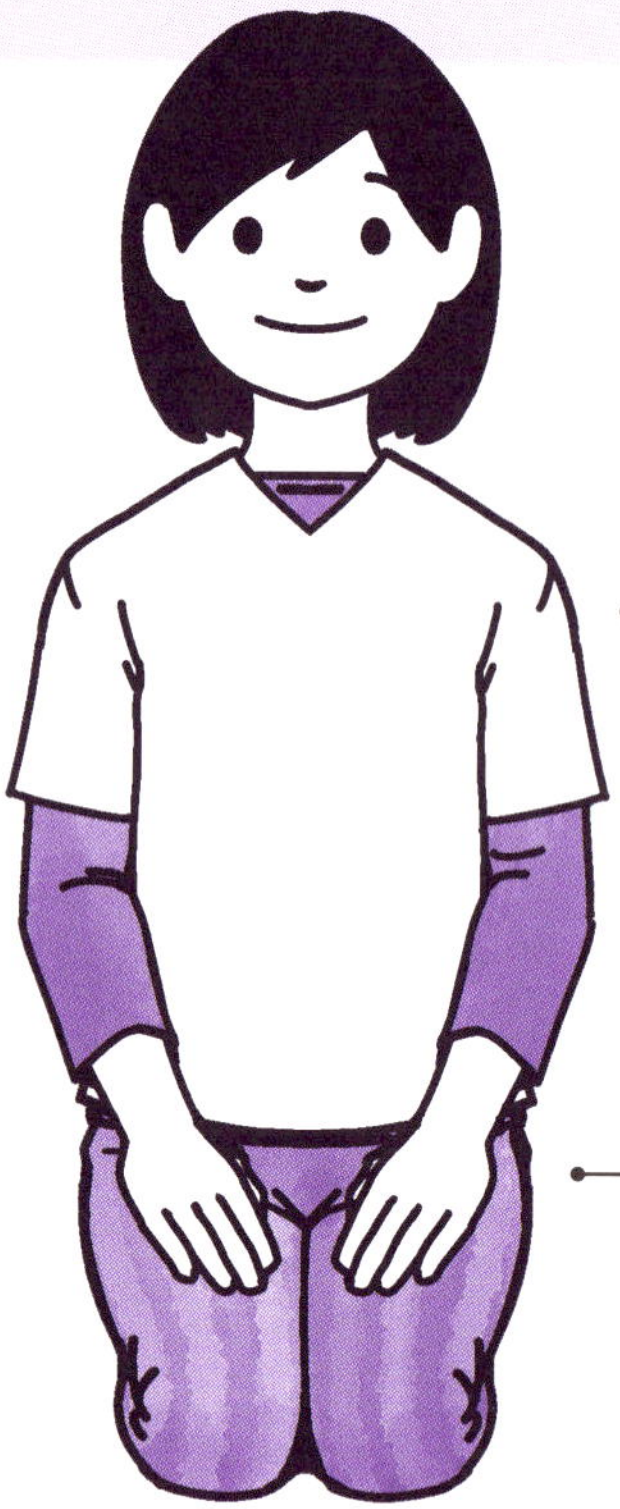

女子はひざ頭をつけ、男子はひざをげんこつ1つ分開き、背すじをまっすぐにして、やや前へ傾く感じで座る。

両手は、少しふくらみをもたせて指を揃え、太ももの上に自然に置く。

教えるポイント

01 太ももをチェック

自分で自分の太ももを見たとき、「太ももが短く見えるように座る」と教えましょう。

02 重ねるのは親指だけ

足全体を重ねると姿勢が崩れるので、「親指だけを重ねるように」と伝えてください。

03 毎日5分

正座を続けることで内ももの筋肉が鍛えられ、足首が柔軟になってケガや捻挫をしにくくなります。1日5分でも、親子で続けてみましょう。

跪座のしかた

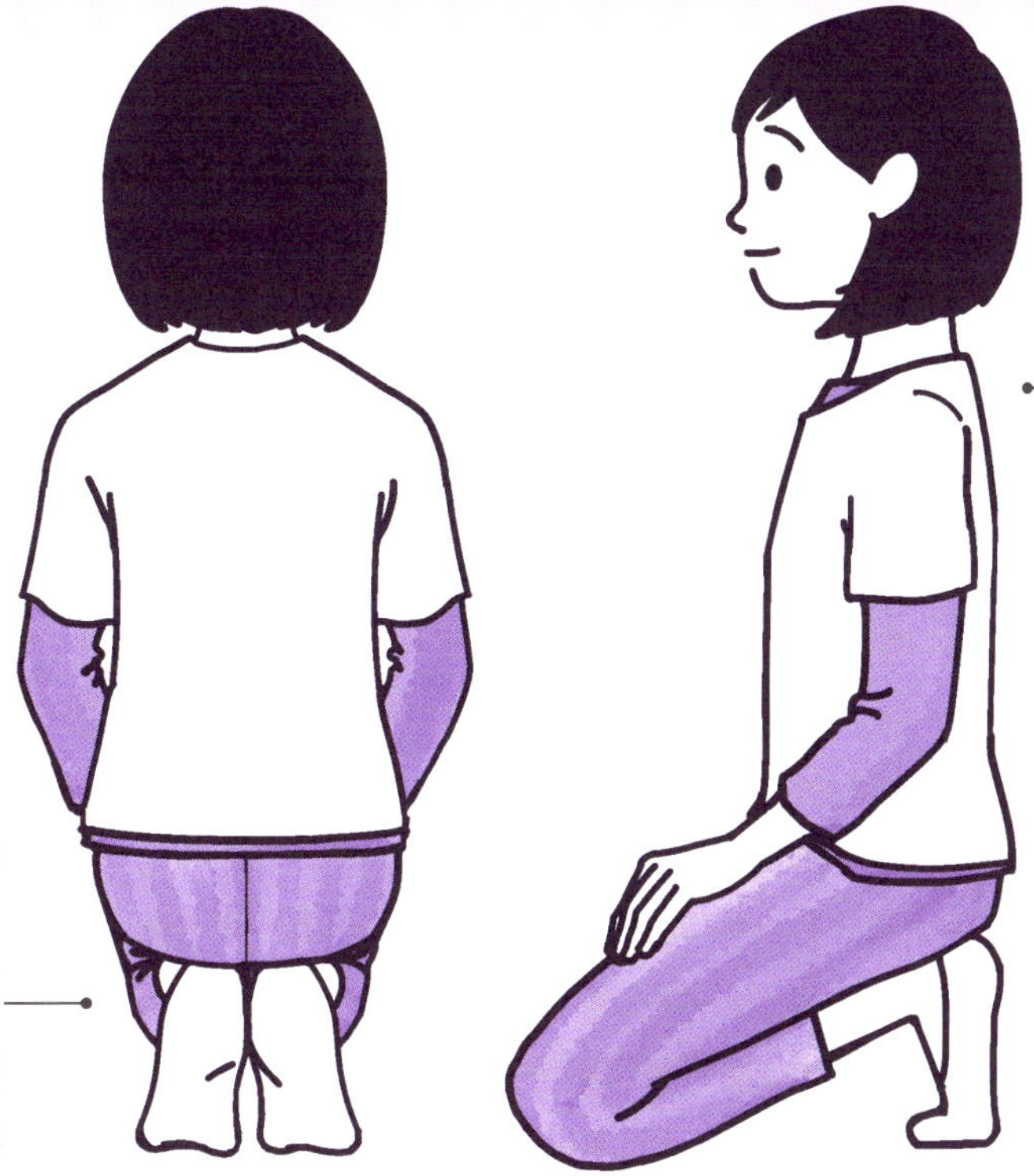
上体が前後に傾かないよう注意。
左右のかかとをぴったり合わせ、その上に尻を落ち着かせるようにする。
両ひざを揃えて床につけ、つま先を曲げ、両足を立てて座る。

教えるポイント

はじめは湯船の中で

足首がかたいうちは、湯船の中で稽古。親子で一緒におこなうと良いでしょう。

かかとをチェック

かかとが開くと、腰が後ろに落ちてしまいます。かかとがぴったりくっついているか、チェックしてください。

跪座をすると次の動作にすぐに移れるのは、立てて内側に曲げた指が全身の安定を支え、バネの働きをするから。だから、すぐに立ち上がることができるのです。

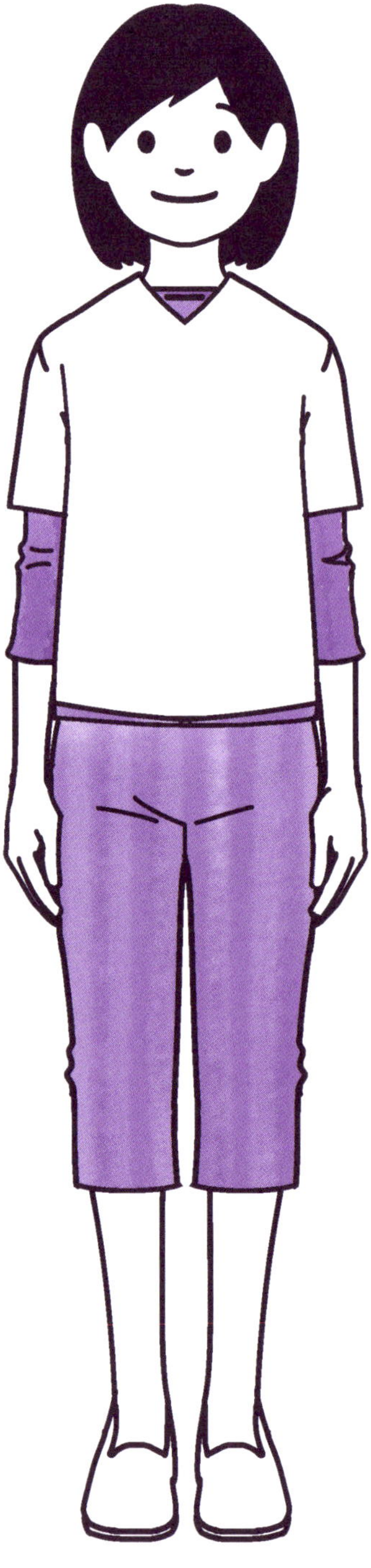

03

正しい「座り方」「立ち方」

日常的に足腰を鍛える、
これぞ「和製スクワット」です。

「座る・立つ」の動作を正しくおこなうと、あえて運動しなくても、体幹や尻、太ももや内ももなど、体を動かすために重要な筋肉を鍛えることができます。脚のラインもきれいに整うので、大人も、どうぞご一緒に。

座るときは、息を吸いながらまっすぐ上半身をおろします。「水の中に静かに沈んでいく様子を頭の中でイメージしてごらん」とアドバイスしてあげると良いでしょう。このとき女子は下座の足（※1）を半歩前に出し、男子は上座の足（※2）を半歩引くと、スマートに座れます。

立つときは、「煙がひと筋、空へ立ち上っていく」イメージです。跪座になり、息を吸いながらまっすぐ立ち上がります。腰を伸ばしながら足を踏み出しますが、その足の指が反対の足のひざより前に出ないようにすると、バランス良く立つことができます。

※1　部屋の出入口に近いほうの足
※2　部屋の出入口から遠いほうの足

座り方

1. 正しい姿勢で立つ。

2. 女子は下座の足を半歩前に出し、男子は上座の足を半歩引く。

3. 上半身をそのまままっすぐにおろし、上座の足のひざが床についたらそのひざを腰でおすようにに進める。

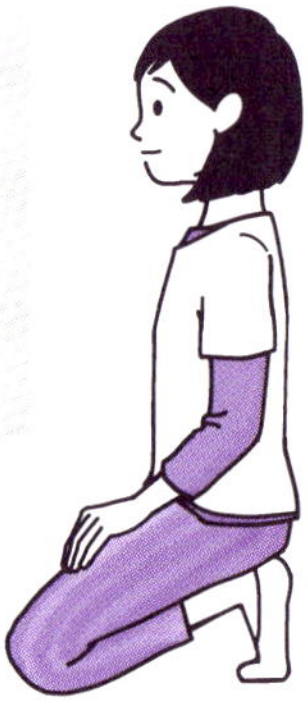

4. 両ひざを揃えて跪座になり、足を片方ずつ寝かせるようにして正座になる。

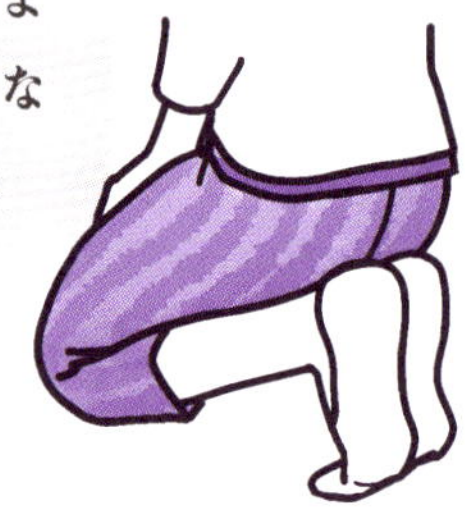

教えるポイント

上座の足、下座の足

上座の足、下座の足が理解できるまで、いろいろな部屋でおこなってみましょう。

太もものつけ根の位置

跪座の姿勢になるまでのあいだ、太もものつけ根が、つねにひざより高い位置にあるかどうか、チェックしましょう。低い位置にあると、見苦しい姿に見えてしまいます。

踏み出す足の指先

立ち上がる際、踏み出す足の指先が反対の足のひざより前に出ないよう確認します。

立ち方

1. 正座から、跪座になる。

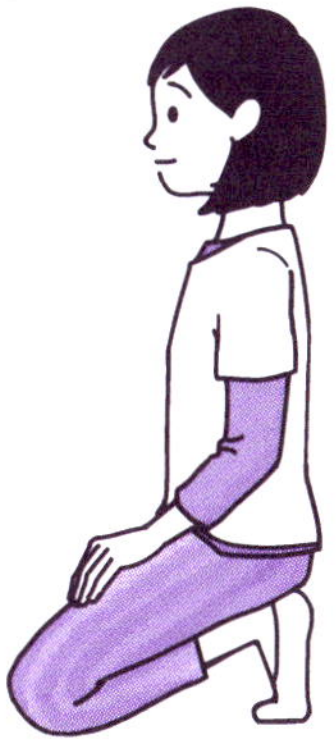

2. 下座の足を半歩ほど前に出す。

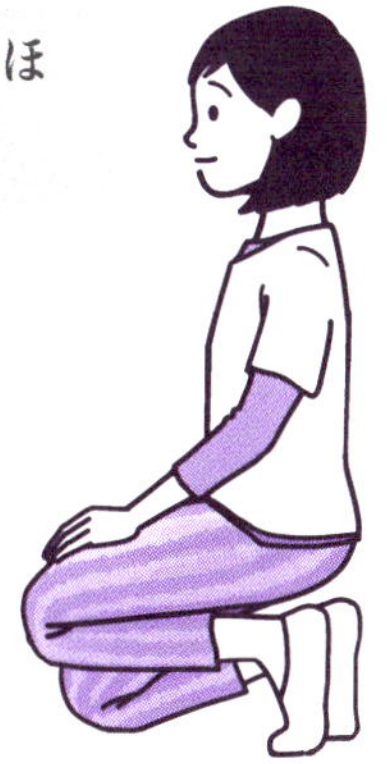

3. 上体をゆらさないように立ち、脚がのびきるまでに後ろの足を前へ運ぶ。

4. 足を揃え、正しい姿勢で立つ。

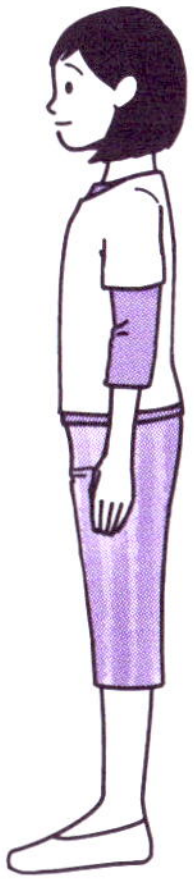

作法の由来は？

女子は下座の足を半歩分前に出して、男子は上座の足を半歩分引いて座ることを、「下《か》進上退《しんじょうたい》」といいます。

上座の足を引くことは、小笠原流の「上座を受けて行動する」という教えからきています。これは、近くにいる相手の受ける印象を考えての行動です。

女子が、足を引くのではなく前に出すのは、着物のすそが乱れて、見苦しい姿を人に見せることを防ぐためです。

04

正しい「イスに座る姿勢」「イスに座る動作」

浅く座って集中力アップ。
イスの下座側から座るのが基本です。

正しいイスの座り方のポイントは、浅く座ること。深く座って上半身を背もたれにつけると、背中が丸まって内臓を圧迫し、お腹が痛くなってしまいます。浅く座ると姿が美しいだけでなく、相手の話を聞いたり勉強したりするときに集中力がアップします。足を揃えて座ることも大切です。ひざやつま先が開いていたり、足をぶらぶらさせたり、組んだりするのもいけません。目上の方に対して失礼ですし、だらしなく見えて自分の価値を下げてしまいます。

イスに座る正しい動作は、小笠原流礼法においては下座から腰かけるのが原則です。イスの下座側に立ち、「すすめられてから座るように」と教えましょう。

「座る・立つ」ときは、上半身を前後左右にゆらさないこと。最初はふらつくでしょうから、正しくおこなえるまで稽古することが大切です。

イスに座る姿勢、イスに座る動作

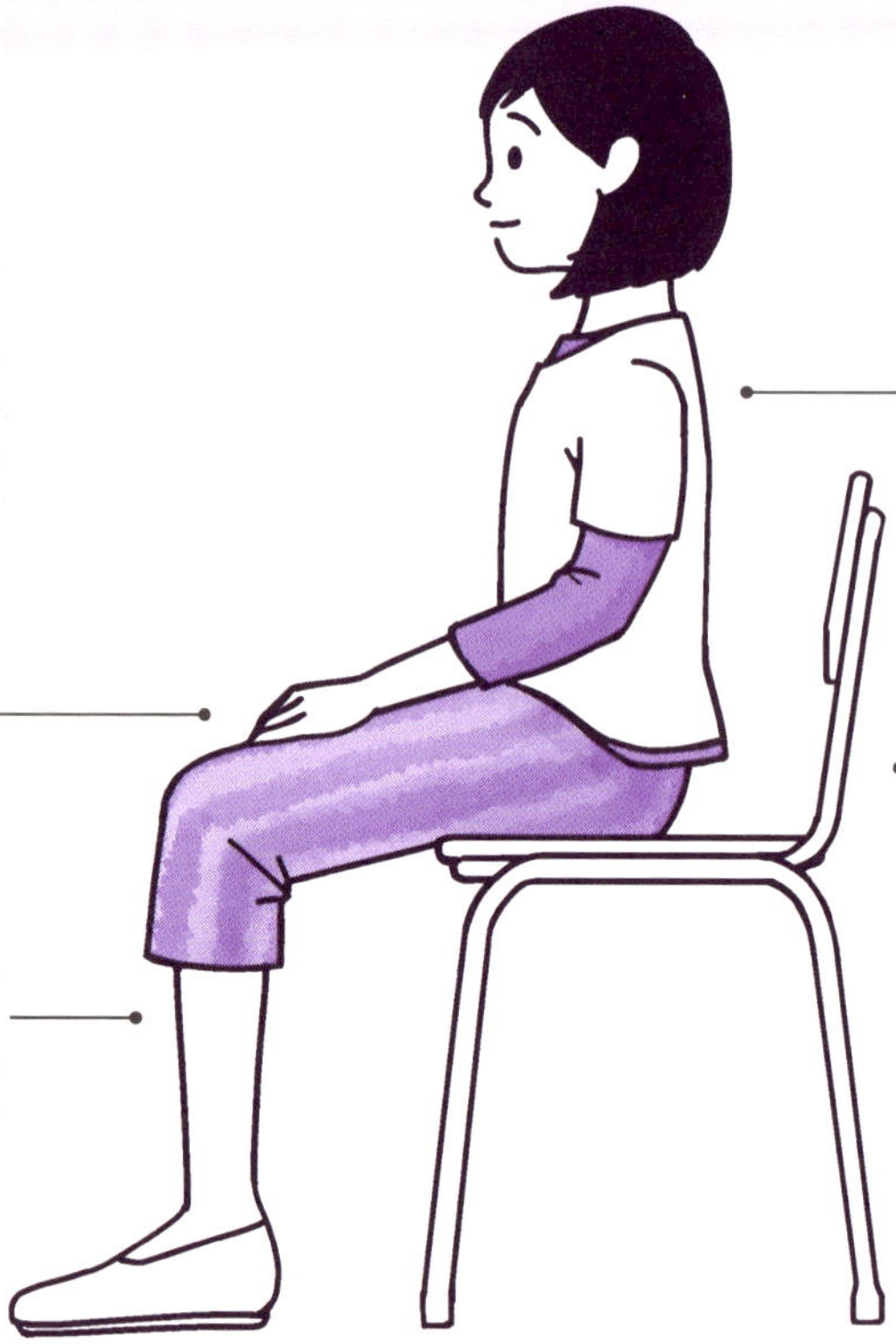

両手は指を揃えて、手のひらをややくぼませるようにして太ももの上に自然に置く。
女子はつま先・ひざをつける。男子は足・ひざのあいだを少し開く。
背すじをのばし、あごを引く。
イスには浅く腰かけ、上半身を背もたれにつけない。

教えるポイント

すすめられてから

勝手に座らないこと。「すすめられてから座るのが礼儀」だと、教えましょう。

下座から座る

イスの「下座側」がどちらなのか、確認させましょう。

足の運び方

覚えてしまえば簡単。できるまで稽古します。

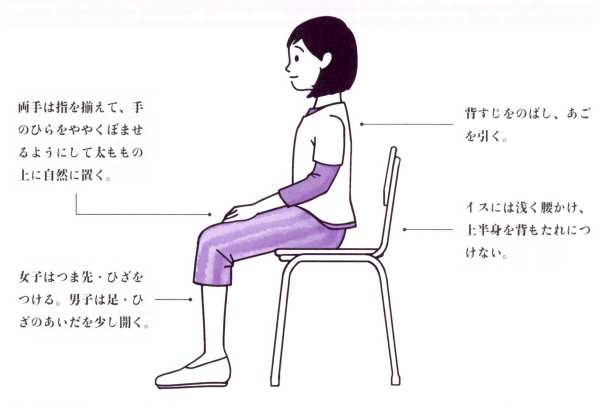

足を揃える

座ったら、左右のひざが開きすぎてないかチェックしま

1. イスの下座側に立ち、下座の足を前に出す。

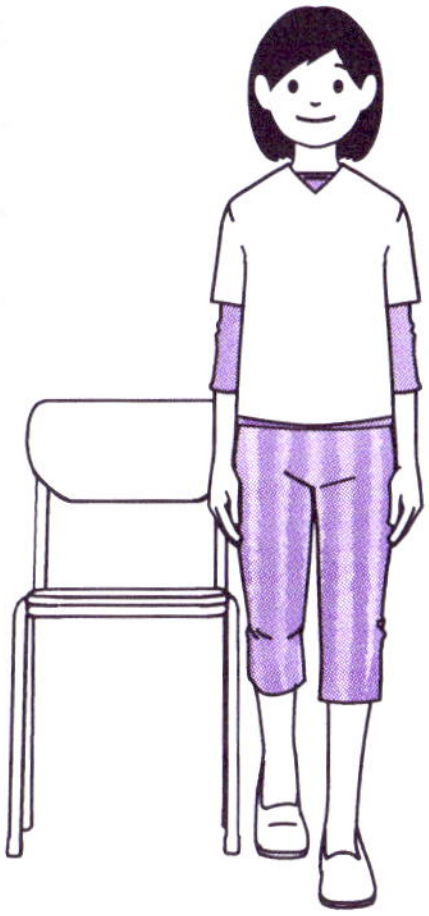

2. 上座の足を前に出し、横に開いてイスの前に進める。

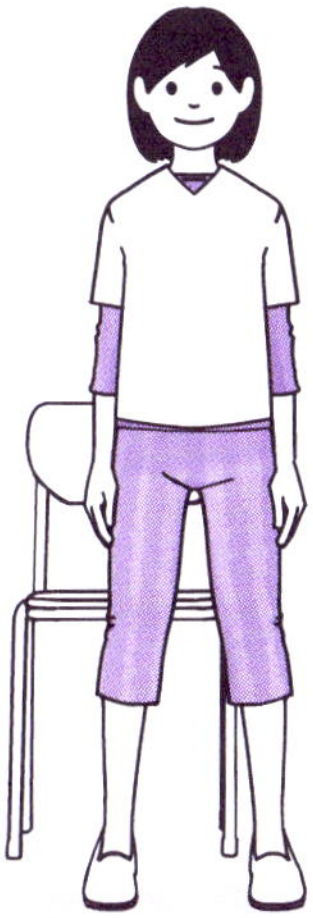

3. イスの正面で下座の足を揃える。

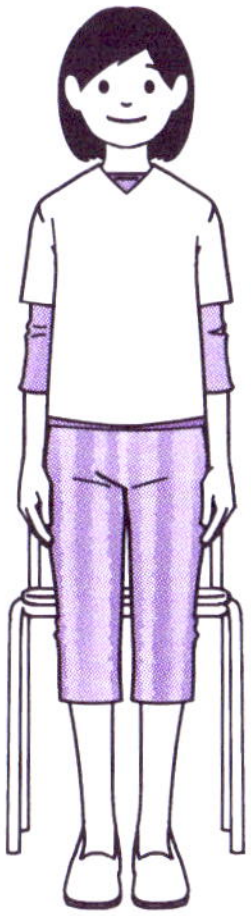

4. 背すじを伸ばしたまま、静かに腰をおろす。

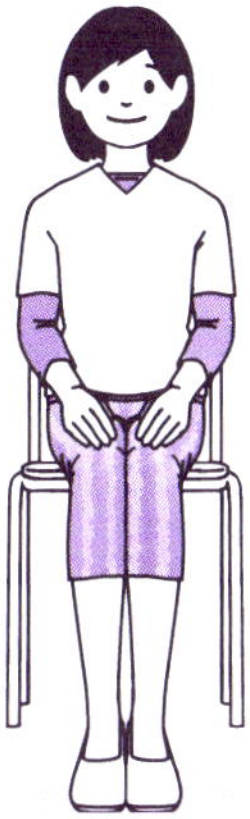

す。ただし、男子は骨格上、つま先、ひざのあいだを少し開いてもOK。

視線

視線は、「相手のおでこと胸のあいだ、両肩の少し外側までの四角形の中に置く」と教えてください。

イスに座る、立つ動作は、まっすぐに静かに動作する稽古が必要です。この稽古によって、太ももの筋肉（大腿筋）とお尻の筋肉（大・中殿筋）が鍛えられ、美しい姿勢の基礎ができます。

なお、足を揃えずに動作すると、これらの筋肉が働かず、美しい所作とはいえません。

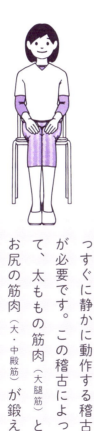

05

正しい「歩き方」

正しく歩けば全身運動となり、
健やかで強く、
均整のとれた体を育みます。

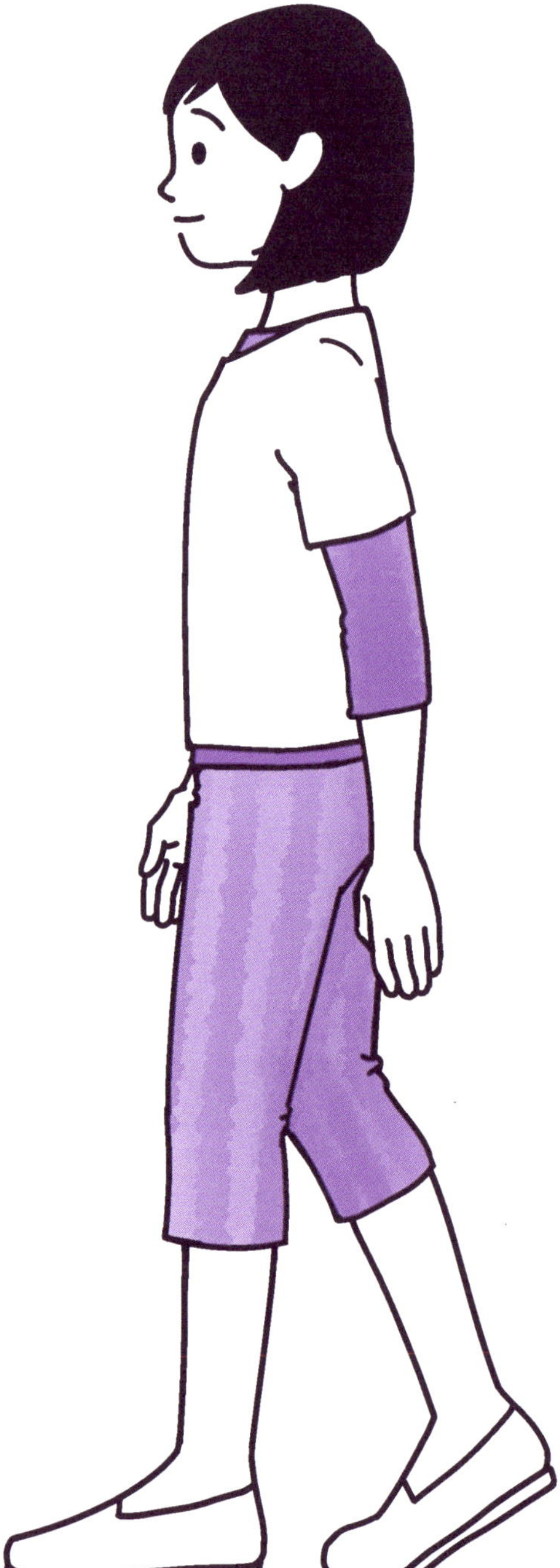

小笠原流礼法では、正しい歩き方とは、脚と腰を使った歩き方と考えます。イメージとしては、足をしっかり上げて前に出す動きが、もっとも体に無理がなく、なおかつ美しいのです。

正しい歩き方をすれば、全身の筋肉と、ひざ、足首などの関節をまんべんなく使うので筋力と柔軟性がつき、長く歩いても疲れにくくなります。

歩くときのポイントは、1本の線をはさむようなイメージで足を平行に前に出すこと。つま先からではなく太ももを使って前に進み、かかとから着地します。

雨の日は、正しく歩けているかどうかチェックする良い機会。正しい歩き方ができていれば、「泥はね」はしません。

なお、呼吸と動作が一致していると、足の運びがスムーズになります。基本は、吸う息で1歩、吐く息で1歩です。

歩き方

視線は、室内では4～5メートル先に落とし、室外ではほぼ水平に。

背すじをのばし、あごを引く。

正しい姿勢を保ちながら、歩く。手は自然に軽く振る。

足を平行に動かし、1本の線をはさむように歩く。

教えるポイント

体の重心

体の重心は前すぎず、後ろすぎず、つねに中心にあるよう意識して歩くことが大切です。

太ももとかかと

ひざ下ではなく、ひざから上（太もも）を使って歩き、かかとから着地することを意識するよう伝えてください。

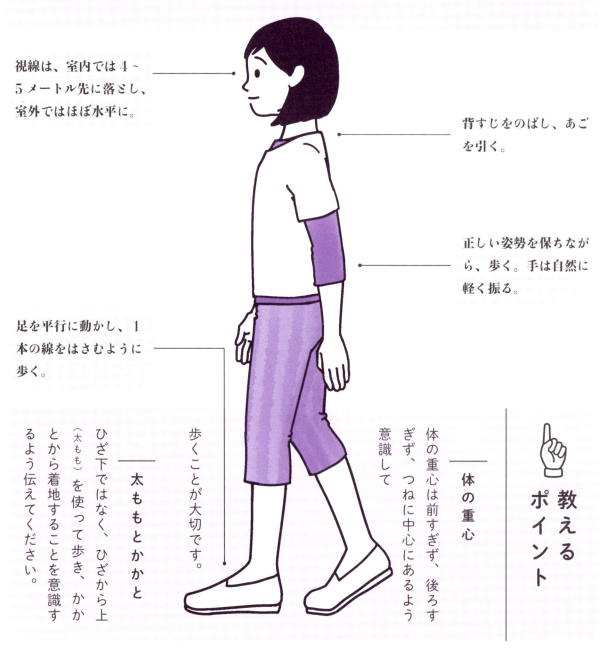

子どもに教えたい小笠原流礼法

気持ちをお腹に持たせる

立つとき、座るとき、そして歩くなど体を動かすときは、よけいなこと、たとえば「早くゲームがしたいな」とか「きょうの晩ごはんは何かな？」などと考えたり思ったりしていると、心にすきができて、ケガをしたり事故を起こしかねません。意識（気持ち）はいつも体の中心である「お腹」に置くようにしましょう。

具体的には、「腰からおへその奥、その下あたり（丹田）」に少し力を込めるようにして、そこに気持ちを集中させるようにイメージします。気持ちをお腹に持たせることを続けると、お腹まわりのぜい肉が取れ、ウエストが引き締まります。メタボ対策に、シェイプアップのために、大人も子どもと、つねに「気持ちをお腹に！」と声を掛け合うようにしては、いかがでしょう。

心に一張《いっちょう》の弓を持つ

矢を飛ばせる状態の弓というのは、弓本体につねに一定の力がかかり続けています。そのように、心の中にもつねに一定の緊張感を持っていなさいというのが、この言葉の意味です。つねに一定の緊張感を持っていれば、「うっかり」や「なんとなく」がなくなり、自分の発言や行動に対して責任を持つことができる。そうすれば、おのずと自分自身を大切にすることができるでしょう。

人とのおつきあいにおいて、相手を気遣うことは大切ですが、それには自分を気遣うことが先決です。自分を甘やかすということではありません。自分を律して、正していくということです。そのためには、つねに心の中に一張の弓、緊張感が必要だというのが、小笠原流の教えです。

2

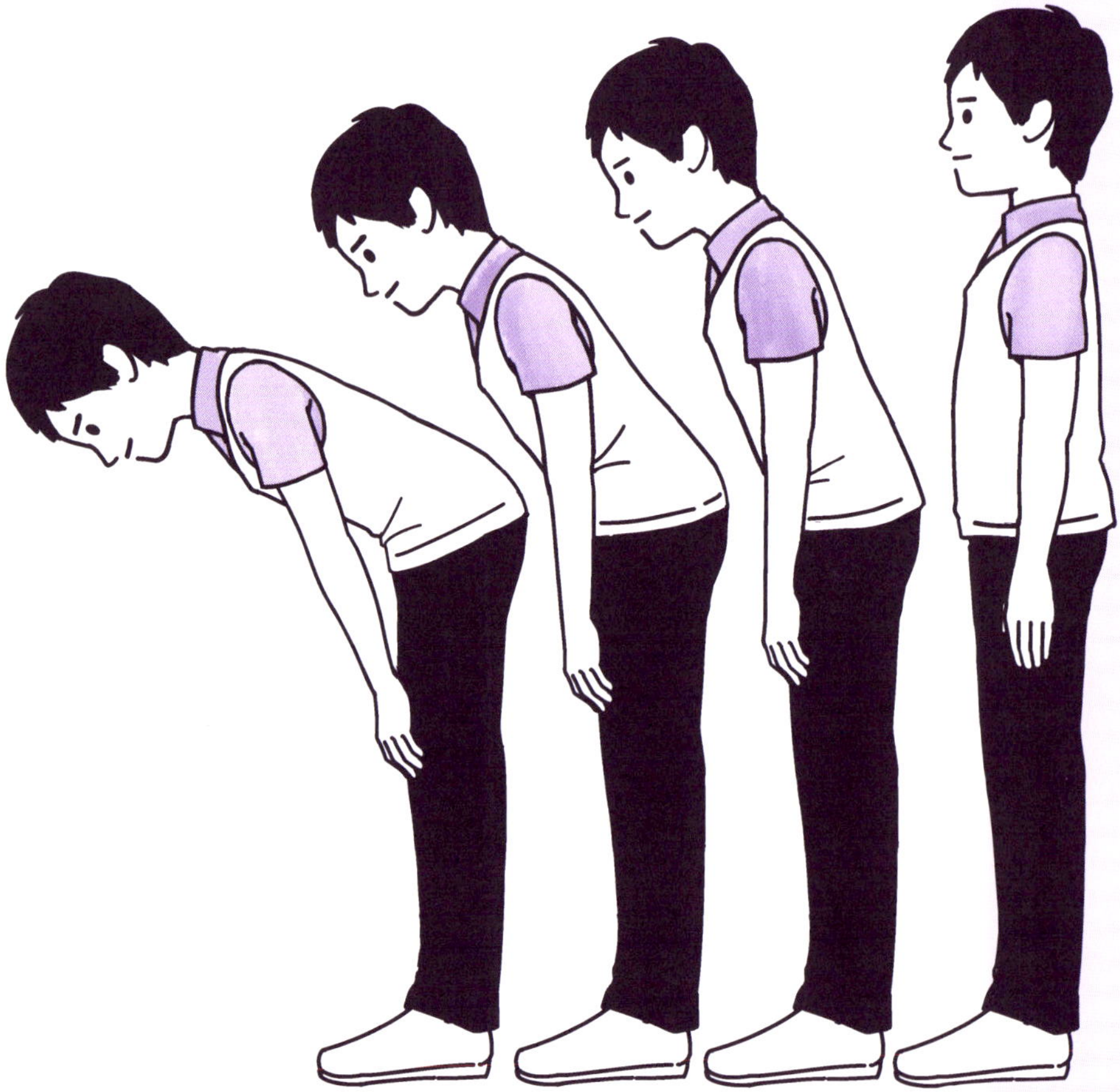

おじぎ

Q

どうして
おじぎをしなければ
いけないの？

A

自分の弱いところを見せることで、「あなたを信頼しています」と相手に伝えるためです。

私たちは、自分ひとりで生きてはいけないので、周りの人たちとうまくコミュニケーションを図りながら暮らすことが大切です。もっとも重要なのは、「相手を敬う心を持つ」こと。これは日本だけでなく、外国においても大切だと考えられていますが、敬意の示し方は、握手、敬礼など、国によってさまざまです。

日本には昔から、自分の弱いところを見せる＝頭を下げるのが「あなたを信頼しています」という気持ちを示すことだという考え方があります。そして、その際には全身で表現することが大切であるという日本人の感性から、頭だけを下げるのではなく「屈体」（上半身を腰から曲げること）が重要だとされてきました。それが、「おじぎ」です。

おじぎは、言葉にしなくても相手を敬う気持ちを伝えられる、奥ゆかしく美しい所作。心を込めておこないましょう。

06

正しい「立ってのおじぎ」

おじぎには、
立っておこなう「立礼《りゅうれい》」と
座っておこなう「座礼」の
2つがあります。
いずれも、
心が伝わることが何より大切。
起き上がるときこそ、
気を抜かないようにしましょう。

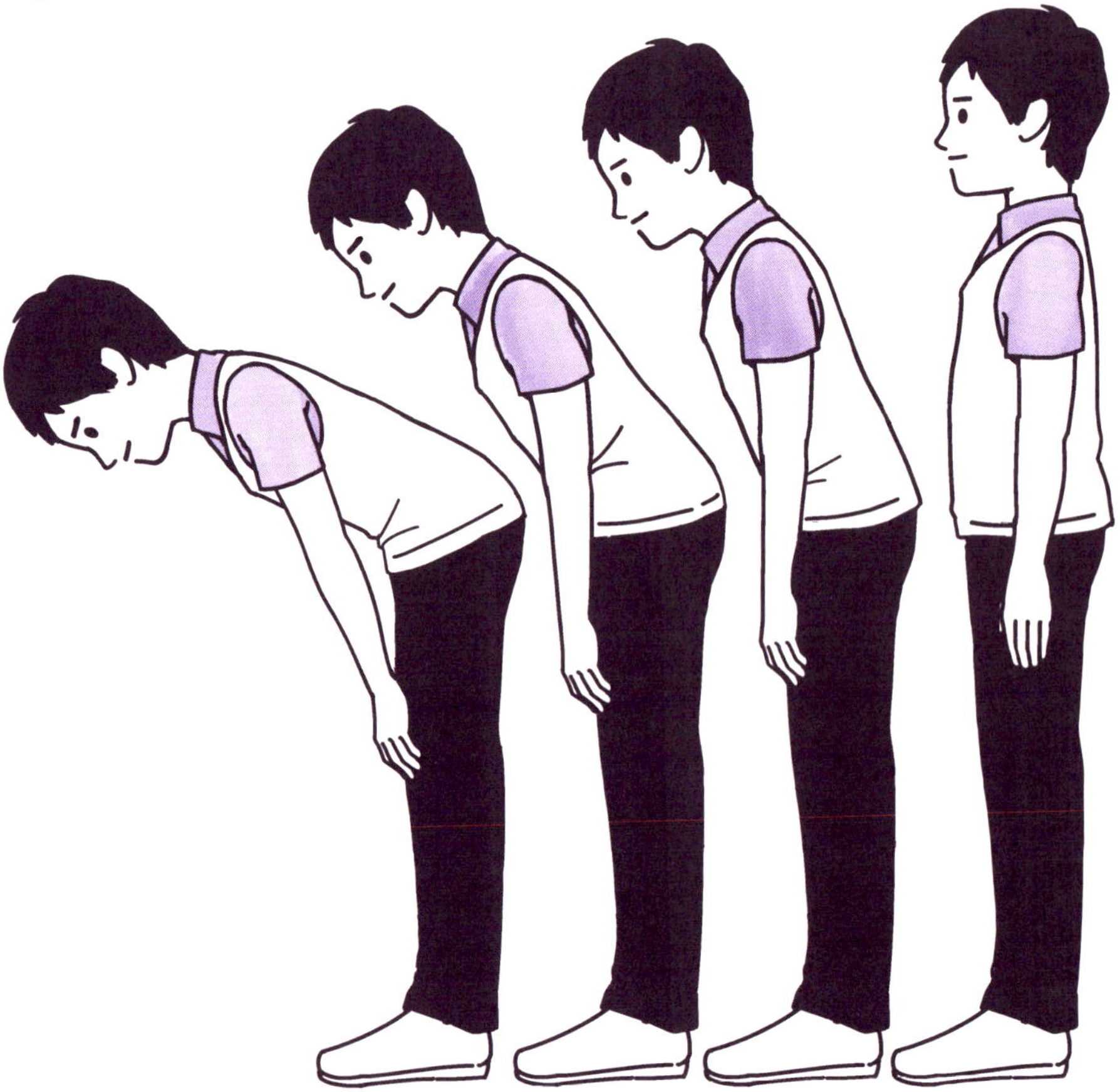

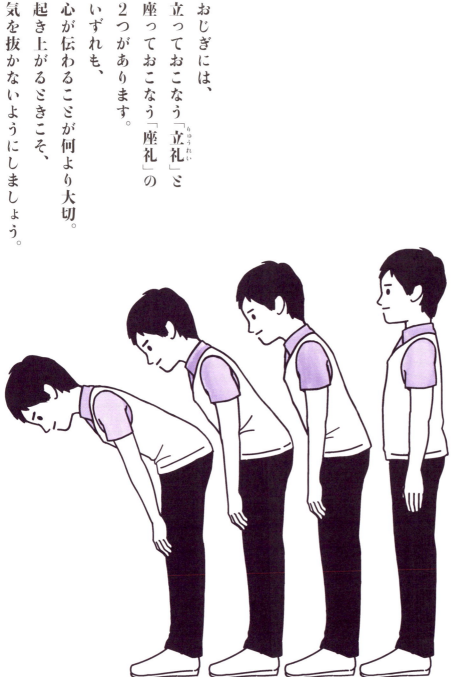

立ってのおじぎは、正しい立ち姿から始まります。手は体の横におりているので、上半身をまっすぐ倒していくと、体と一緒に手も前に出てきます。マナーの本などで、手を体の前で組んでおじぎをする図を見かけますが、体の動きとして不自然で、相手に気持ちが伝わりません。子どもには「軽くぼませた手のひらを太ももにつけているように」と教えましょう。おじぎをするときには、呼吸に合わせることが大切です。小笠原流礼法では「礼三息《れいみいき》」といって、息を吸いながら上体を倒し、動きが止まったところで息を吐き、息を吸いながら上体を起こすことを原則としています。

呼吸に合わせたおじぎに慣れていないときは体を起こすときに動きが速くなりがちですが、おじぎは上半身を起こすときにも気を抜かないことが重要です。小笠原流礼法では、呼吸に動作を合わせることが大切なのです。

立ってのおじぎ

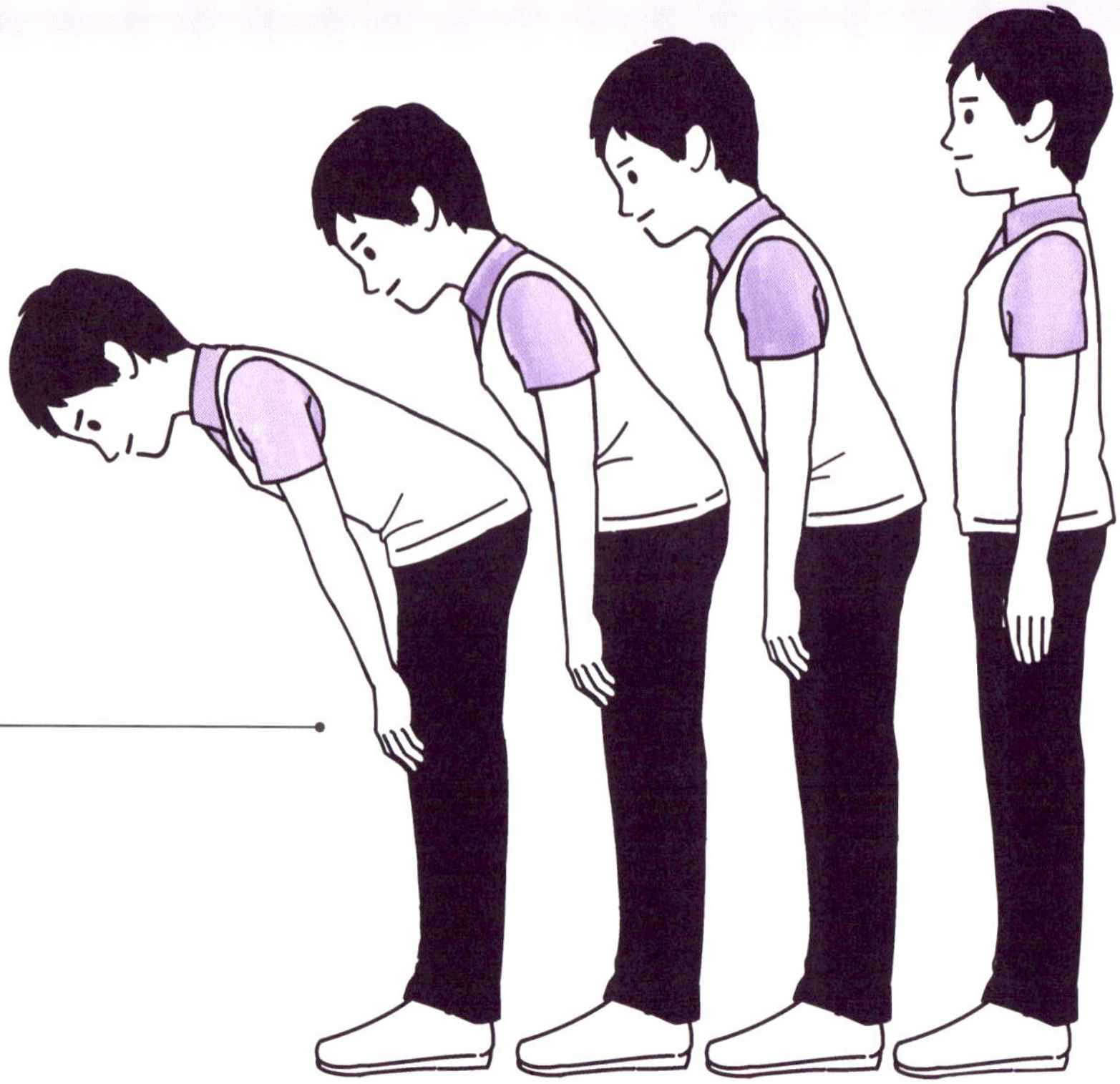

正しい姿勢から上半身をまっすぐに倒すと、体といっしょに手も前に出てくる。指先が少し前に出たところが「浅い礼」（会釈）、指先が太ももの真中あたりにくるのが「普通の礼」（同輩に対する礼）、ひざ頭までつくと「深い礼」（最敬礼）となる。

教えるポイント

腰から曲げる

背すじが伸びていて、上半身を腰から曲げているか、チェックします。

体と手の連動

手は体を倒すと同時に体の前へ出ていきます。体と手の動きがバラバラにならないよう注意が必要です。

ぺこぺこしない

ぺこぺこと何度もおじぎをすると、相手に軽く見られます。子どもには、「1回、じっくりと心を込めて、おじぎをすることが大切」と教えましょう。

子どもに教えたい小笠原流礼法

なぜ、あいさつが必要なのか

人とコミュニケーションを図る上では「あいさつ」が大切です。「おはよう」「こんにちは」「さようなら」という、その声の調子や大きさ、顔の表情などから相手の状態がわかり、それを手がかりにして「相手にどう接すればいいか」がわかるからです。相手が、いつもより声が小さかったり元気のなさそうな顔をしていたら、少し気を遣ってあげる必要があるでしょう。いつもより明るくはずんだ声をしていたら、「何か良いことがあった？」などと聞くと会話もはずみ、相手との距離がより近くなるかもしれません。

あいさつは礼儀であるだけでなく、コミュニケーションのきっかけになります。だから、あいさつはしたほうが得。そう伝えると、子どもも進んであいさつをするようになるのではないでしょうか。

07

正しい「座ってのおじぎ」

「九《く》品《ほん》礼《れい》」といって、座ってのおじぎには9つの礼があります。まずは、主な5つの礼をマスターしましょう。

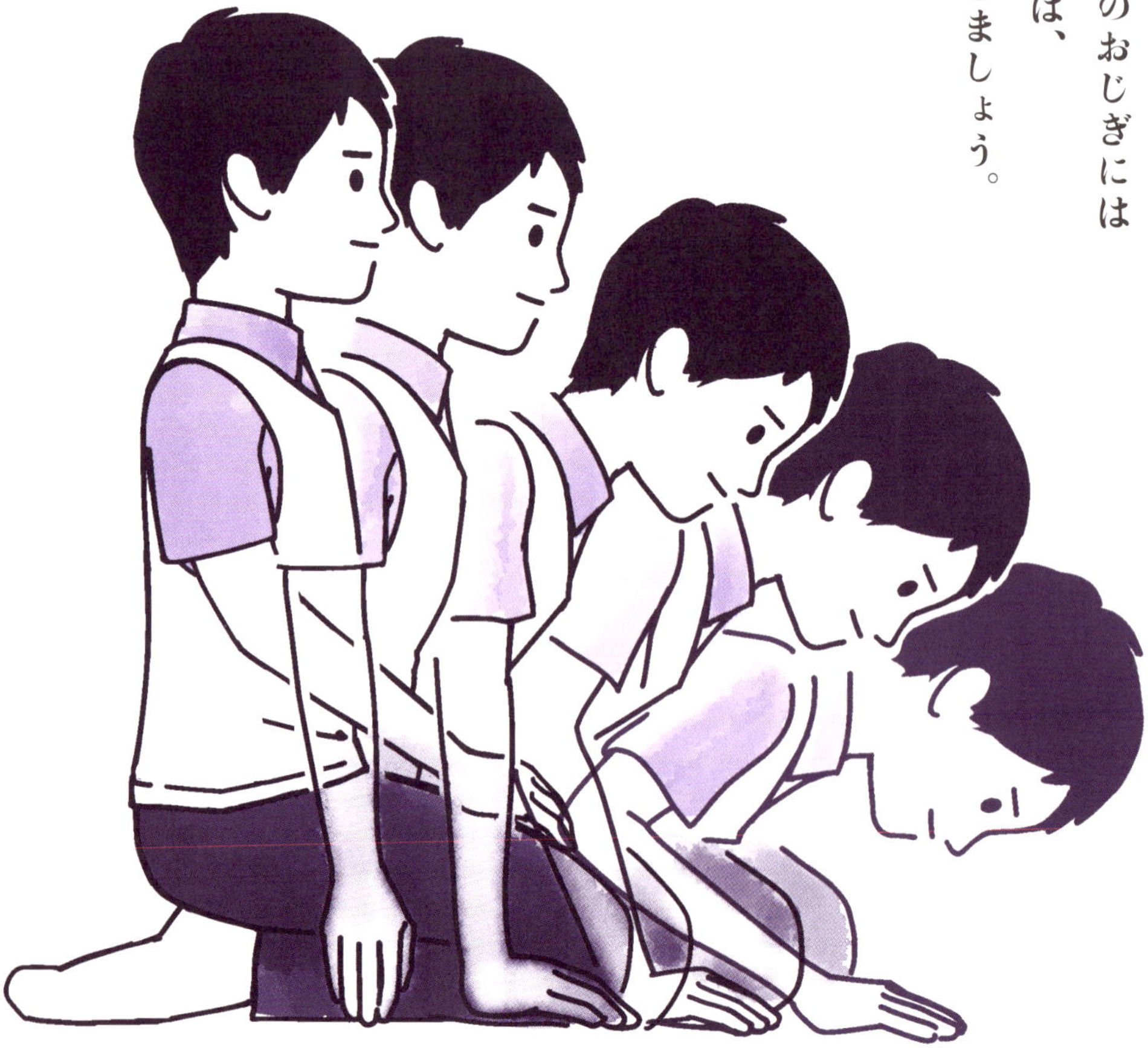

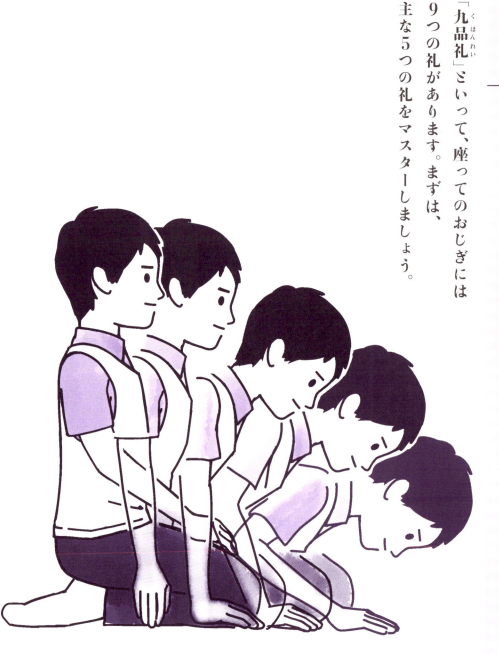

座ってのおじぎは、背すじを伸ばした正しい正座からスタートします。この姿勢から上半身を倒していくと、太ももの上に乗せた手が自然に体のわきに落ちます。もっと前へ倒すと、手は前に進みます。それが体の自然な動きなのです。

三指をついたり、先に手を前についてから屈体するのがていねいだと考えられがちですが、そうした動作は形式的なものにすぎず、心がともなっていません。同じ理由で、ひじを張ったおじぎもＮＧです。

座ってのおじぎには９つありますが、日常でよく使われるのは、おもに「指建礼《しけんれい》」「折手礼《せっしゅれい》」「拓手礼《たくしゅれい》」「双手礼《そうしゅれい》」「合手礼《ごうしゅれい》」の５つです。

いずれも、立ってのおじぎと同じように「礼三息」で、心を込めてじっくりとおこなうようにしてください。

座ってのおじぎ

指建礼：上半身が少し前に傾き、両手が太ももの両側におり、指先だけが畳についた状態。

折手礼：体が前傾し、手のひらが畳についた状態。指先を女子は後ろに、男子は前に向ける。

拓手礼：男女とも指先を前に向け、手がひざの横前に出るまで前傾した状態。

合手礼：いちばん深く、ていねいなおじぎ。背中が床と平行になるまで体を折る。畳についた両手の指先、人さし指と親指でできた三角形の真上に、鼻がくるように。

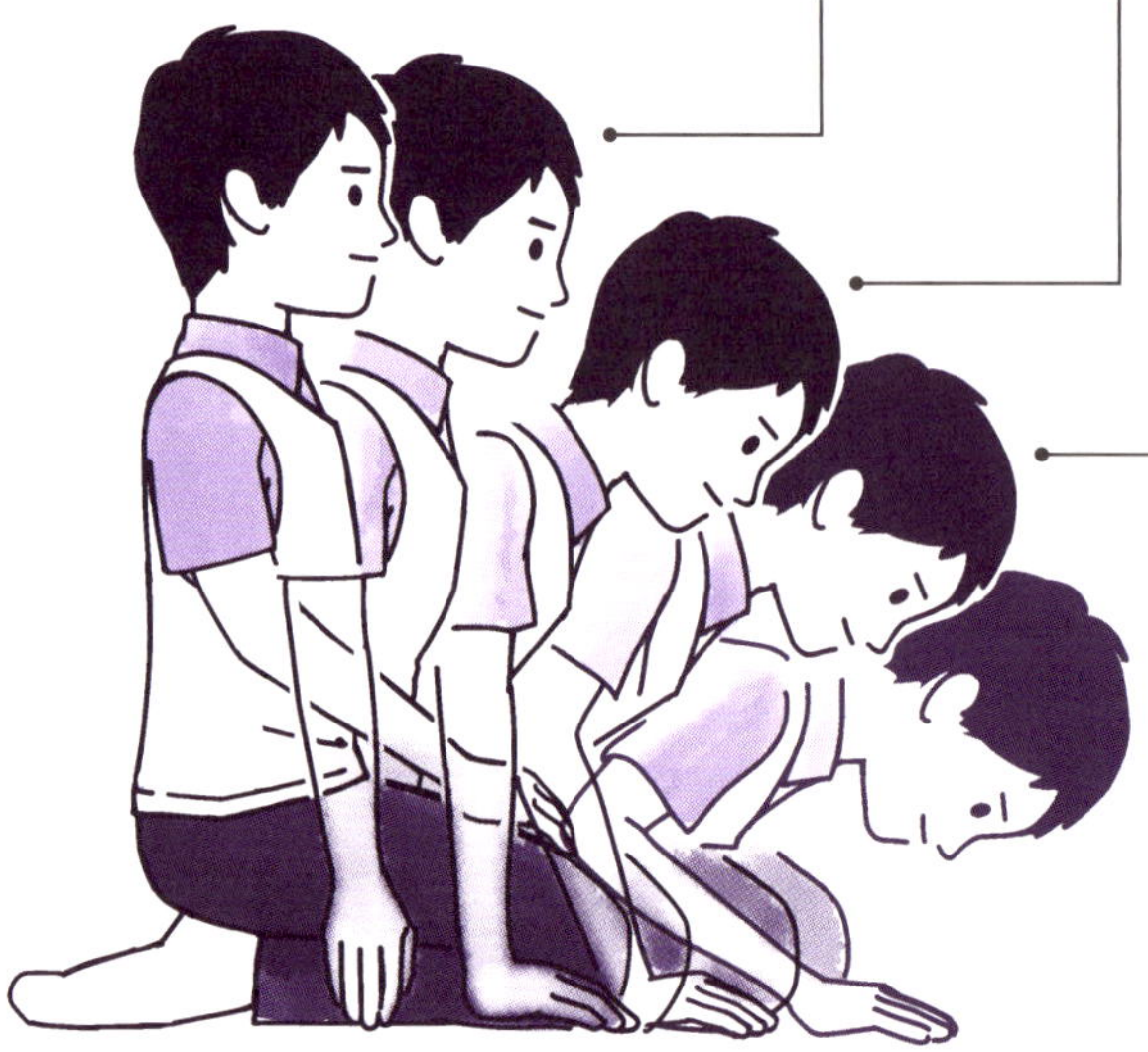

※双手礼は、拓手礼と合手礼の中間の状態。

教えるポイント

正座からまっすぐ

まず、正しく座れているか確認しましょう。上半身を前へ傾けるときは、背すじをまっすぐ伸ばしたまま、腰から倒していくイメージを持ちながらおこなうよう伝えます。

体と手の連動

立っておじぎをするときと同様に、体が前へ傾いていくにしたがって手も一緒に前に出るもの、と教えましょう。先に手の位置を決めて（手をついて）体を倒すのは形式的なおじぎとなり、相手に心が伝わらないので注意しましょう。

子どもに教えたい小笠原流礼法

「残心」を大切にする

動作のしめくくりに心を込めることを小笠原流では「残心」といい、大切に考えています。

たとえば、お客様をお見送りするとき、お客様の姿が見えなくなるまでその場に留まるのは、「あなたと時間を過ごすことができて楽しかったです」という名残り惜しさを表すためです。自分が見送られる側になって考えるとその必要性が理解できるでしょう。訪問先で、お別れのあいさつを交わしてすぐに相手が家の中に入ってしまったら「迷惑だったのかな」と心配になりませんか？

しめくくりを雑にすると、相手の心の中にはその雑な印象だけが残り、それまでにいくら礼を尽くしていたとしても、すべて台なしに。だから、残心が大切なのです。

08

正しい「行きあいの礼」「前通りの礼」

人とすれ違うときには、
「行きあいの礼」を、
どうしても人の前を
横切らなければいけないときは、
「前通りの礼」をおこないます。

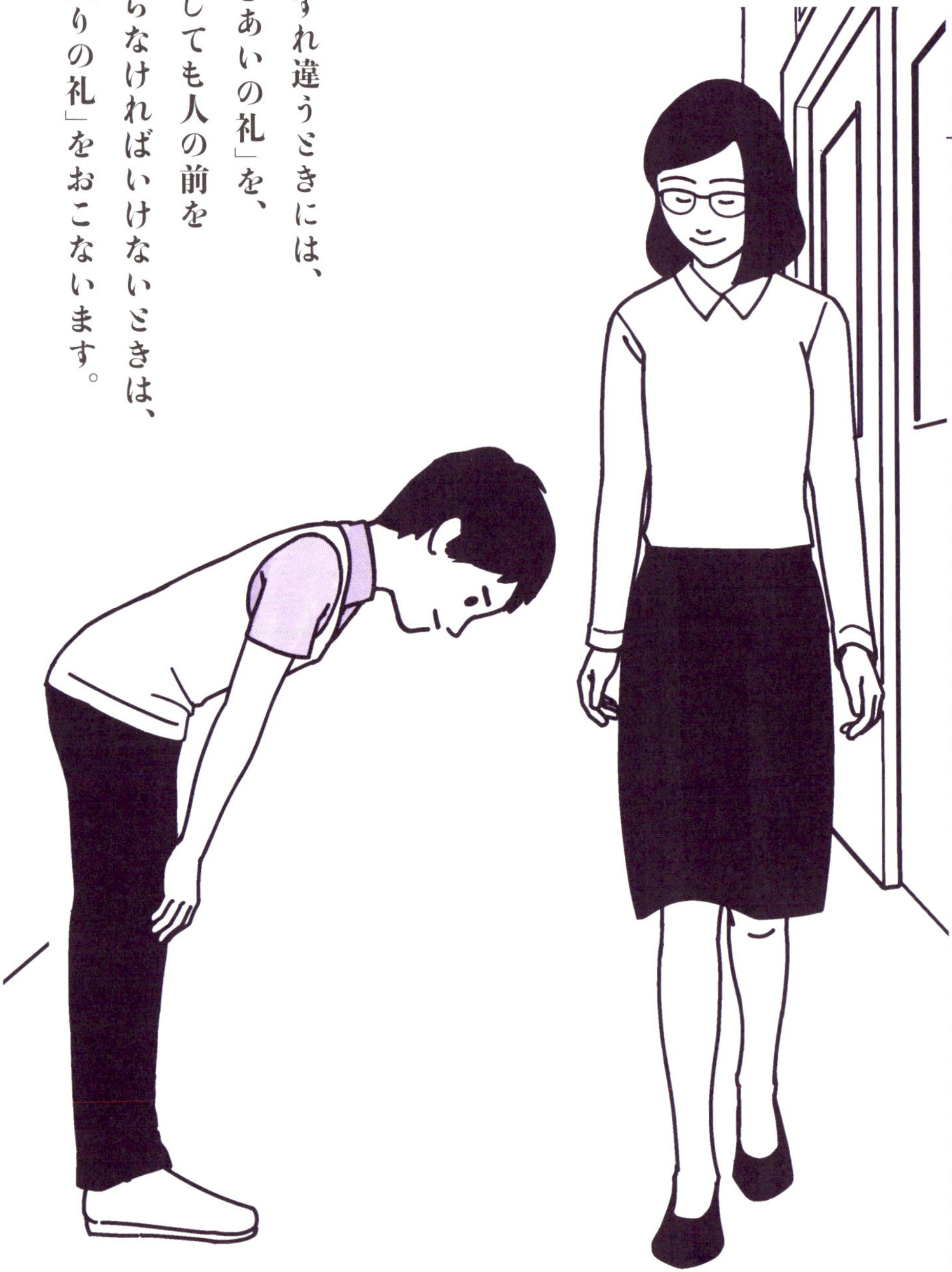

立ってのおじぎ、座ってのおじぎのほかにも、相手に敬意を表す必要のある場面は少なくありません。どんなときも礼を失しないように振る舞うことが大切ですが、とくに道や廊下を歩いているとき、前から目上の方が来られた場合は、わきによけ、深い礼をして、お通りになってから体を起こす「行きあいの礼」をおこないます。

同級生や年下の人と行きあう場合は、そこまでていねいにする必要はありませんが、肩がぶつかったりしないように少し左によけて歩くこと。子どもには、「自分から相手に道を譲るほうが、人間としての格が上がってカッコいい」と伝えると良いかもしれません。「前通りの礼」は人の前を通らなければならないときのおじぎです。「テレビを観ているとき、前を通られたらイヤだよね？ その気持ちを思い出して、『ごめんね』のつもりで一礼しようね」というと、子どもも理解するでしょう。

行きあいの礼、前通りの礼

目上の方と行きあった場合、まず目安として４メートルほど手前でわきによける。２メートルくらい前に来られたら、両手がひざ頭の上までくるように深い礼を。通りすぎられてから体を起こす。なお、同級生や年下の場合は、１メートルほどあけて、お互いに左へななめに離れ、同輩の礼をしてから同時に歩き出す。

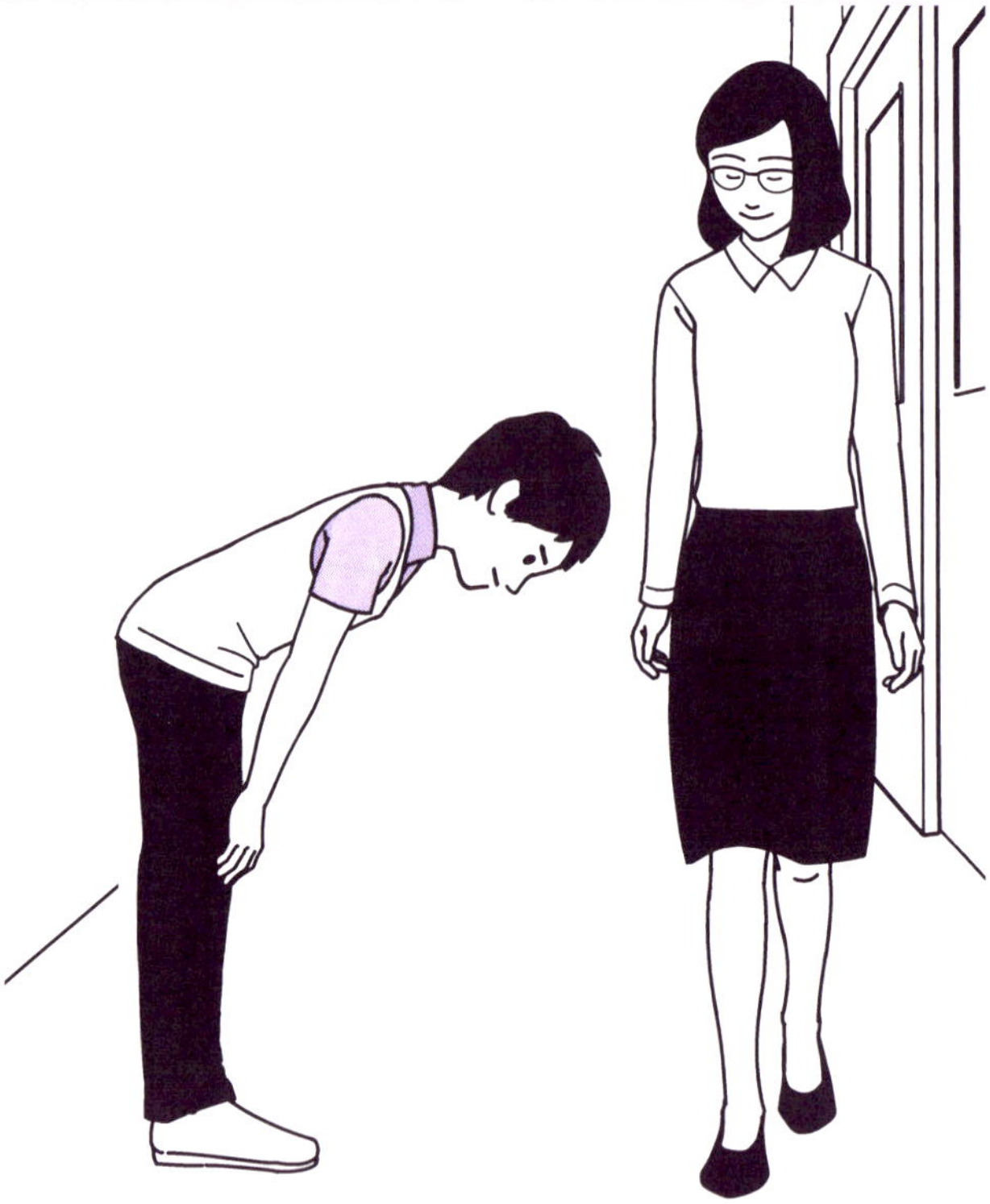

教えるポイント

急いでいるときこそ

どんなに急いでいるときでも、むしろ急いでいるときこそ、人に衝突したり肩が当たったりしないように、という意味でも行きあいの礼が必要です。そう伝えてください。

いつ、誰に対しても

どんなときも、誰に対しても礼を失しなければ、一目置かれる存在になれる、と伝えましょう。

足早に

人の前を通るときは「できるだけ足早に」と教えてください。

自分が人の前を通りすぎるときは「申し訳ありませんが、前を通らせていただきます」という気持ちが大切。その気持ちを込めて深い礼をし、足早に通りすぎる。

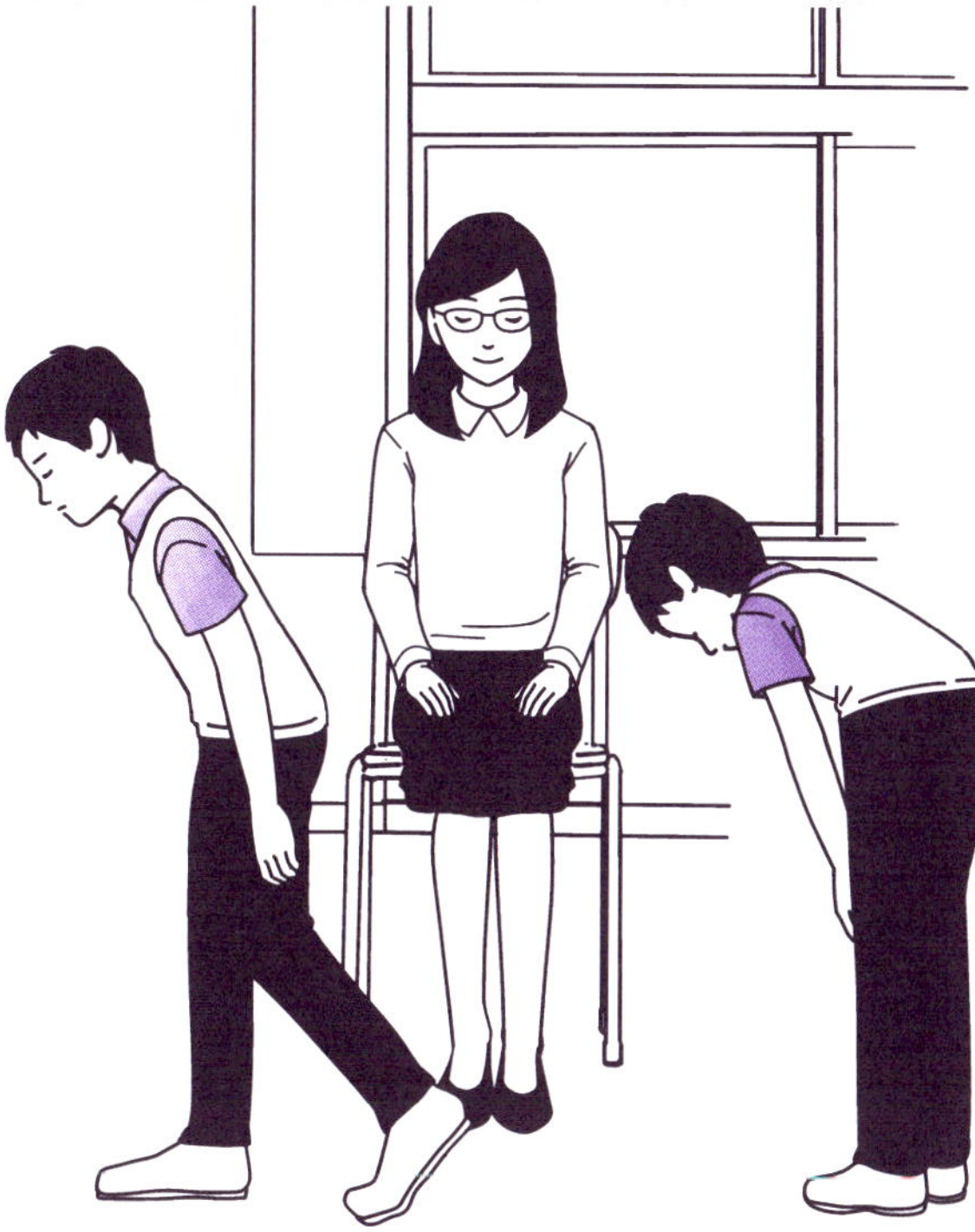

イスに座っている自分の前を目上の方がお通りになるときは立ち上がり、下座で、上体を少し前に傾けて待ち、前に来られたら一礼する。通りすぎるのを見送ってから、イスにもどる。同級生の場合は、イスの前に立って一礼し、前をすぎたら着席する。

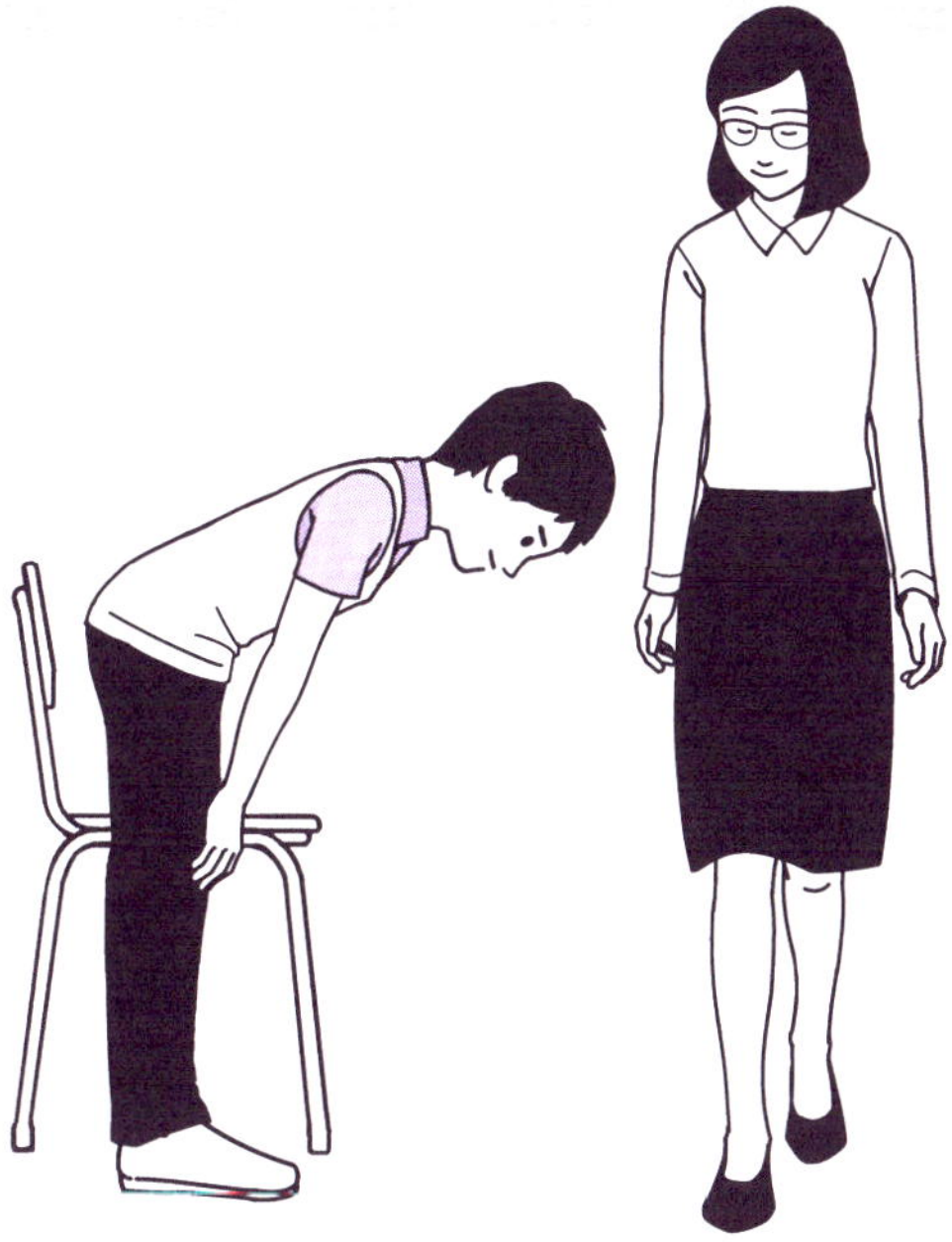

作法の由来は？

行きあいの礼で、わきによける際に、現代では左右どちらによけてもかまわないことになっていますが、もともとは「左によける」のが基本でした。

というのも、かつて人々は左側通行だったからです。武士は左の腰に刀を差していました。だから、右側通行だと前からやってくる人とすれ違うときに刀がふれたり、よけようとして肩が当たったりしてしまいます。そうなると、刃傷沙汰にもなりかねません。そこで左側通行となり、行きあいの礼をするときには左によけたというわけなのです。

呼吸に動作を合わせる

小笠原流では、「呼吸に動作を合わせる」ことを大切に考えます。なぜなら、動きに無理が生じないからです。たとえば、おじぎをしようと体を前に倒すときに背中が丸くなりがちですが、息を吸いながら倒していくと自然と背中が伸びます。そのほか、あらゆる動きを呼吸に合わせると、見た目にも美しい姿勢が保てるのです。

自分だけでなく、誰かと呼吸を合わせることも大切。性別や年齢、国籍が違っても、人間の呼吸のリズムはほとんど変わらないといいます。つまり人間は誰とでも息を合わせられる=感じあえる可能性があるわけです。相手と息が合えば、調和、一体感が生まれます。相手と呼吸を合わせるよう意識すると、初対面でも心が通い合った感じがするものです。

3

室内出入りの作法

Q

部屋に入るのに、なぜ作法が必要なの？

A

家を傷めないため、そして自分がケガをしないためです。

日本人は長く、畳の上で生活をしてきました。したがって、低い姿勢で生活することになるわけですが、そうすると床に落ちている塵やホコリがとても目につきます。だから、なるべく塵やホコリが立たないような動き方をする必要があるのです。

さらに、日本の家屋はもともと木造で、畳の材料もい草だったりと自然の素材が使われているため、ていねいに扱わないと、すぐに傷んでしまいます。だから、家を長持ちさせるという意味でも出入りの作法が生まれたというわけなのです。

ドアの開け閉めをする際も、乱暴にして大きな音を立てると騒がしく、ほかの人にも迷惑がかかります。

また、ドアの構造によっては、不意に閉じて指をはさむなどケガをする恐れもあります。そうした事態を避けるためにも、出入りの作法が必要なのです。

09

正しい「ドアの開け方、閉め方」

訪問先でドアを乱暴に開け閉めすることは、招いてくださった方に対して、とても失礼です。また、自分のケガを防ぐためにも作法を身につけましょう。

ドアには、押して開けるタイプと引いて開けるタイプがありますが、どちらの場合も取っ手が右にあれば右手で、左にあれば左手で持って開け始めます。

重要なのは、ドアを開けて閉め終わるまで、手をなるべくドアの取っ手から離さないこと。たとえば非常階段のドアのように、手を離した瞬間、勢いよく閉まるものもあるからです。

子どもには、とくに訪問先ではドアがどういうものなのかわからないので、粗相をしないために、また自分をケガから守るためにもふだんからドアをていねいに開け閉めする習慣を身につける必要がある、と教えてください。

なお、後ろ手でドアを閉めることのないようにしましょう。どのようなものも、体の正面で扱うことが大切だからです。

ドアの開け方、閉め方

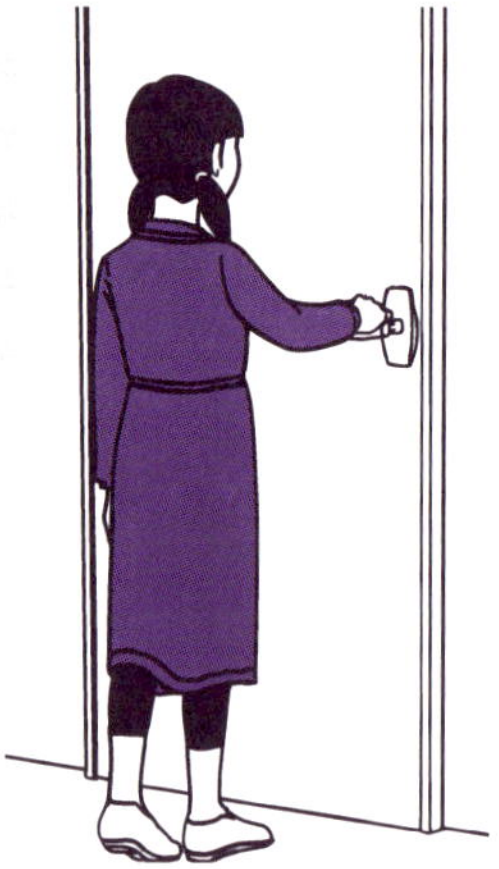

1. ドアの取っ手が右にあれば、右手で持ってドアを開ける。

2. 開けながら左手に持ちかえて中に入る。

3. 部屋の内側の取っ手を右手で持ち、ドアに向きなおる。外の取っ手を持っていた左手を離す。

4. ドアに体の正面を向けて持ちかえ、左手で閉める。ドアを開けてから閉めるまで、取っ手から手を離さないように。

教えるポイント

いろいろなドアで稽古

ドアのタイプによって、最初に取っ手を持つ手が違うことを覚えるためにも、押して開けるタイプ、引いて開けるタイプ、それぞれ稽古してみましょう。

ドアから手を離さない

ほかのことに気を取られてドアを後ろ手で閉めたり、取っ手から手を離したりすると、粗相につながるだけでなく、後に続いて入る人がいる場合に危険です。ドアから手を離すことがないよう、しっかり見ていてください。

子どもに教えたい小笠原流礼法

体の中心より右にある物は右手、左にある物は左手で

小笠原流礼法では、体の中心より右にある物は右手で、左にある物は左手で扱うのが原則です。なぜなら、体の中央を越えると、使うべき筋肉が違うからです。このことは、30代清信が筋電図を用いて実験したところ、明らかになりました。本来使うべきではない筋肉を使う、たとえば右手で扱うべき物を左手で扱おうとすると、筋肉や関節が動きにくく、それが物を落としたり壊したりという粗相につながりかねません。また、体の動きが不自然になるため、周りの人の目には、あやしい動きと映って不安にさせたり、窮屈な印象を与えて不快にさせることもあるでしょう。

動作をおこなうときは、使うべき筋肉を使う。それがもっとも合理的で物も体も傷つけず、見た目にも美しいのです。

10

正しい「引き戸の開け方、閉め方」

自然の素材でできていて、なおかつ軽いふすまは、よりていねいに扱う必要があります。中にいる人たちに失礼のないよう心を配ることも大切です。

引き戸の中でも、自然の素材でできていて、なおかつ軽いふすまはよりていねいに扱う必要があります。

具体的には、引き戸を右に開ける場合は、まず左手を引き手にかけ、少し開いて手の入るくらいのすき間をつくります。その手を引き手のやや下に持ちかえて、戸が体の中央にくるまで横に押し開き、中央まできたら右手に持ちかえて開いていきます。閉めるときは逆の動作でおこないます。

なお、ふすまは和室用の戸です。和室の中にいる人たちは基本的には畳に座っているので、中に入るときには失礼のないよう自分も座り、低い姿勢で戸を開け閉めします。立って開け閉めするときと基本的な手の動きは同じですが、戸を少し開けたところで、引き手にかけていた手をふすまの親骨に沿って下から10センチくらいのところまでおろします。子どもには、その位置を持って押し開けるのがもっとも開けやすく、ふすまを傷めることがない、と伝えてください。

立っての引き戸の開け方

1. 右に開ける場合、左手を引き手にかけ、指が入る分だけ少し開ける。

2. 左手で引き手のやや下を持ち、体の中央まで開ける。

3. 右手にかえ、前と同じ部分を持って、体が通る分だけ開く。

4. 会釈し、下座側の足から入り、敷居を踏まないように上座にお尻を向けないように回って、戸に向きなおる。

教えるポイント

両手でなく、片手で

両手で開け閉めするのは体の動きとして不自然です。片手でおこなうよう教えましょう。

開けっぱなし禁物

戸を開けっ放しにすると、室内の暖気（あるいは冷気）が逃げてしまいます。

部屋に入ったら、引き手に近い手（左手）で引き手のやや下を持ち、体の中央まで閉めます。右手に持ちかえ、手が柱に触れるくらいまで閉めたら手を戸に沿って上げ、引き手にかけて静かに閉めます。

座っての引き戸の開け方

1. ふすまの正面で跪座になり、引き手に近い手を引き手にかけ、手が入る分だけ開ける。

2. 引き手にかけた手を親骨（ふすまの枠の部分）に沿って下げ、下から約10センチのところを持って体の中央まで開ける。

3. 手をかえて反対の手で親骨を持ち、残り半分を開ける。

4. 軽く会釈し、下座の足から立って、敷居を踏まないように下座の足から入る。

教えるポイント

ふすまの親骨を持つ位置

子どもには、まずは引き戸の開け閉めをさせ、どうすればいちばんやりやすいのか体感させるといいでしょう。

部屋に入ったら、上座にお尻を向けないようにふすまに向きなおり、跪座になります。親骨に近い手で親骨の下から約10センチのところを持ち、体の中央までできたら反対の手に持ちかえて閉めます。手の甲が柱に触ったらその手を親骨に沿って上げ、引き手にかけて静かに閉めます。

11

正しい「座布団の座り方」

座布団は座るためのもの。
座布団の上に足で立つことがないように、
すべての動作は
膝行《しっこう》（ひざで進むこと）でおこないます。

座布団は座るためのものなので、上に立って足の裏で踏みつけてはいけません。座布団に座るときも、おりるときも、座った姿勢のままひざで進む「膝行」でおこないます。

正座をしたまま、にぎりこぶしで畳や座布団を押さえながら体を進めることもしません。手は、足ではないからです。そして何より、膝行するほうが見た目がシンプルで美しいのです。

膝行は足の筋肉の使い方が独特で、とてもむずかしい動作です。うまくいかずに、子どもが音を上げるかもしれませんが、稽古をすればできるようになります。

なお、座るときや立つときに座布団を裏返しにしないこと。ランチョンマットをわざわざ裏返しにして使う人はいませんね。それと同じ理由です。とくに、立つときに裏返しにしたら、次に座る人にとても失礼です。

座布団の座り方

1. 座布団の下座側で、跪座になる。このとき、両手は太もも上に置く。

2. 上座のひざを少し浮かせて、下座のひざで押し、45度回って座布団に乗せる。

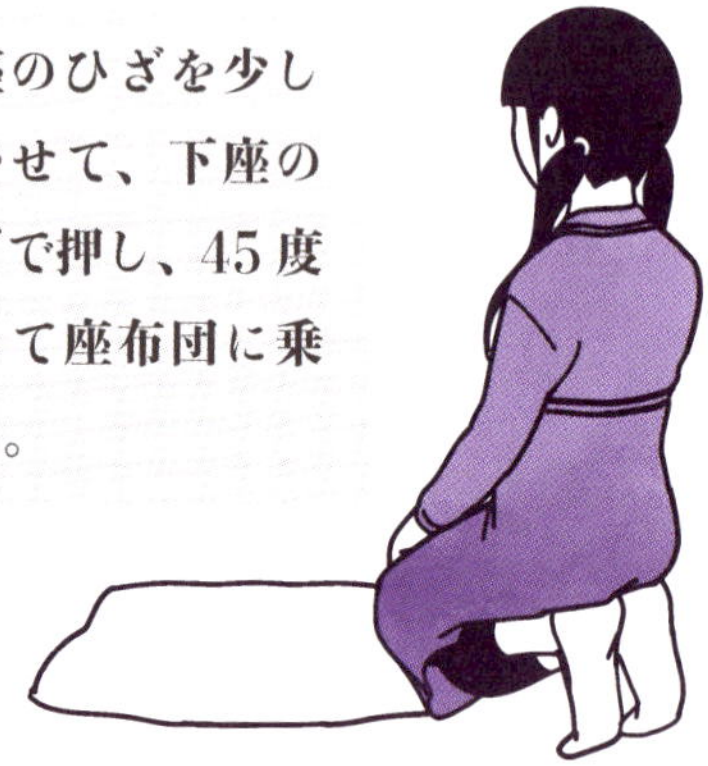

3. 下座の足からひざで進んで座布団に乗り、座布団の真中で正面に向き直る。

4. 両足を寝かせ、親指だけを重ねて座る。

教えるポイント

正面と表裏

座布団には表裏と正面があることを理解させましょう。座布団の生地の縫い目が覆いかぶさっているほうが表です。そして、座布団の4辺のうち縫い目がなくて「輪」になっている部分が正面です。

膝行

膝行は、簡単そうに見えますが、慣れないとなかなかできません。稽古あるのみ、大人も一緒になって、子どもを励ましながら稽古を続けてください。

なお、座布団からおりるときは逆の動作でおこないます。

子どもに教えたい小笠原流礼法

極めれば無色無形なり

小笠原流では、この言葉をよく使います。これは、上手な人、洗練された人ほど何の色も形もない、ということです。かなり高い技術を要する技でありながら、誰にでも簡単にできるように思わせてしまう。まさにそれが、小笠原流が目指す高みです。

これは、技だけのことではなく「人」についてもいえるのではないでしょうか。人というのは、ある程度、力や権威を持つようになると、それを誇示したくなるものです。でも、周りを見回してみてください。本当に力のある人というのは威張ったりせず、むしろ物腰がやわらかく、顔の表情も穏やかではありませんか？　ただ、そうでありながら「何となくすごい」と感じさせるようなオーラを発している。私自身、ひとりの人間として、そうありたいと思っています。

進退中度

進

退中度とは、進むも退くも度に中《あた》る＝ほどほどに、という意味です。出すぎても、遠慮しすぎてもいけない。どのような物、ことにも「ちょうど良い」ところがある。そのことをつねにわきまえて振舞うように、という教えです。

たとえば、公園のベンチが複数あいていたとき、親しい友だちであれば同じベンチに座るでしょうが、見知らぬ方とはある程度の距離を置いて座るでしょう。どのようなことも、時、所、相手に合わせて、ちょうど良いところを探していくことが大切です。

進退中度は、人間関係においても大切です。相手に近づきすぎず、距離を置きすぎることもない。そうした関係性を築ける人とは、一緒にいても気分が良く、長くつき合っていけることでしょう。

4

物の持ち方、受け渡し方

Q

物を持ったり渡したりするのに、なぜ決まりがあるの？

A

物を長持ちさせるために必要なのです。

物にはそれぞれ形があり、重さも違うので、その形や重さに合った持ち方、渡し方をする必要があります。たとえば、縁のあるお盆を持つときに縁に親指をかけて持ったら、やがて親指の力によって縁のところが割れ、お盆が壊れてしまいます。また、はさみを持つときに刃の部分を持つのは危ないだけでなく、手の脂がサビを招いてしまいます。つまり、物を大切にして長持ちさせるために、持ち方や受け渡し方の決まりを知っておく必要があるのです。

子どもには、自分が大切にしているゲームや、時間をかけてやっと完成したプラモデルを持ったり、誰かに渡すときのことを想像してもらうと、理解が早いと思います。

なお、物は体の近くで扱うのが基本です。遠くで扱うと、落としたり倒したりするからです。粗相を防ぐ意味でも、正しい物の持ち方、受け渡し方を知ることが大切なのです

12

「正しい物を持つときの姿勢」

相手に不安を与えないためにも、威風堂々、ゆったりとした印象を与えるような持ち方をすることが大切です。

物を持つときに大切なのは、確実に持つこと。それは、物を落として壊すことがないようにするだけでなく、相手を不安にさせないという意味もあります。重さに耐えられずに腕をぶるぶる震わせて持ってこられたら「落とさないだろうか」と心配になりますよね。相手に安心感を与えるのも礼のひとつですから、確実に持つことが重要なのです。

物を持つ姿勢の基本は、体の前で腕全体で指先までを丸くする「円相《えんそう》」です。そして、手先ではなく体で持つようにします。子どもには「ひじから肩にかけての部分を使って持つイメージで」と教えましょう。

持ち方には、目の高さで持つ「目通り」、手を肩から平行に伸ばした高さで持つ「肩通り」、胸より低めのところで持つ「乳通り」の3通りがあります。いずれの場合も、ひじから肩までの部分を意識するよう、伝えてください。

持ち方の基本、物を持つ姿勢

体の前で腕、手のひら、指を丸くした形の「円相」が基本。上腕（ひじから上の部分）を使って、体で持つようにすること。

教えるポイント

円相

円相については、子どもに、「大きな木を両腕で抱えるようなイメージで」と伝えると、わかりやすいかもしれません。

ひじから上

手先で物を持つしぐさは、人の目に粗雑に映ります。また、物を落とす危険も。つねに、上腕を意識するよう教えましょう。

水走り

「円相」にしたとき、肩から指先までは水がスムーズに流れる角度をイメージします。

乳通り
本など、友だちに物を渡す場合は、この持ち方でOK。

肩通り
お茶や料理を運ぶお盆などは、息がかからないようにするために、この持ち方をする。

目通り
賞状や、神棚へお供えする供物を捧げ持つ場合の持ち方。

作法の種類は？

物を持つときには、3通りの持ち方があります。なぜその持ち方をするのか理解し、使い分けることができると、相手に対して礼を失することもありません。

神様への供物など尊い物は低い位置で扱うと失礼だから、目の高さ（目通り）で捧げ持ちます。賞状もこの持ち方です。

お茶や料理などは自分の息がかからないように、肩の位置で持ちます（肩通り）。

友だちや目下の人との受け渡しでも気を遣いますが、いちばん安定して持てる胸の高さ（乳通り）でOKです。

13

正しい「物の受け渡し方」

自分が大切にしているおもちゃを
渡すときのことを
想像するように伝えましょう。

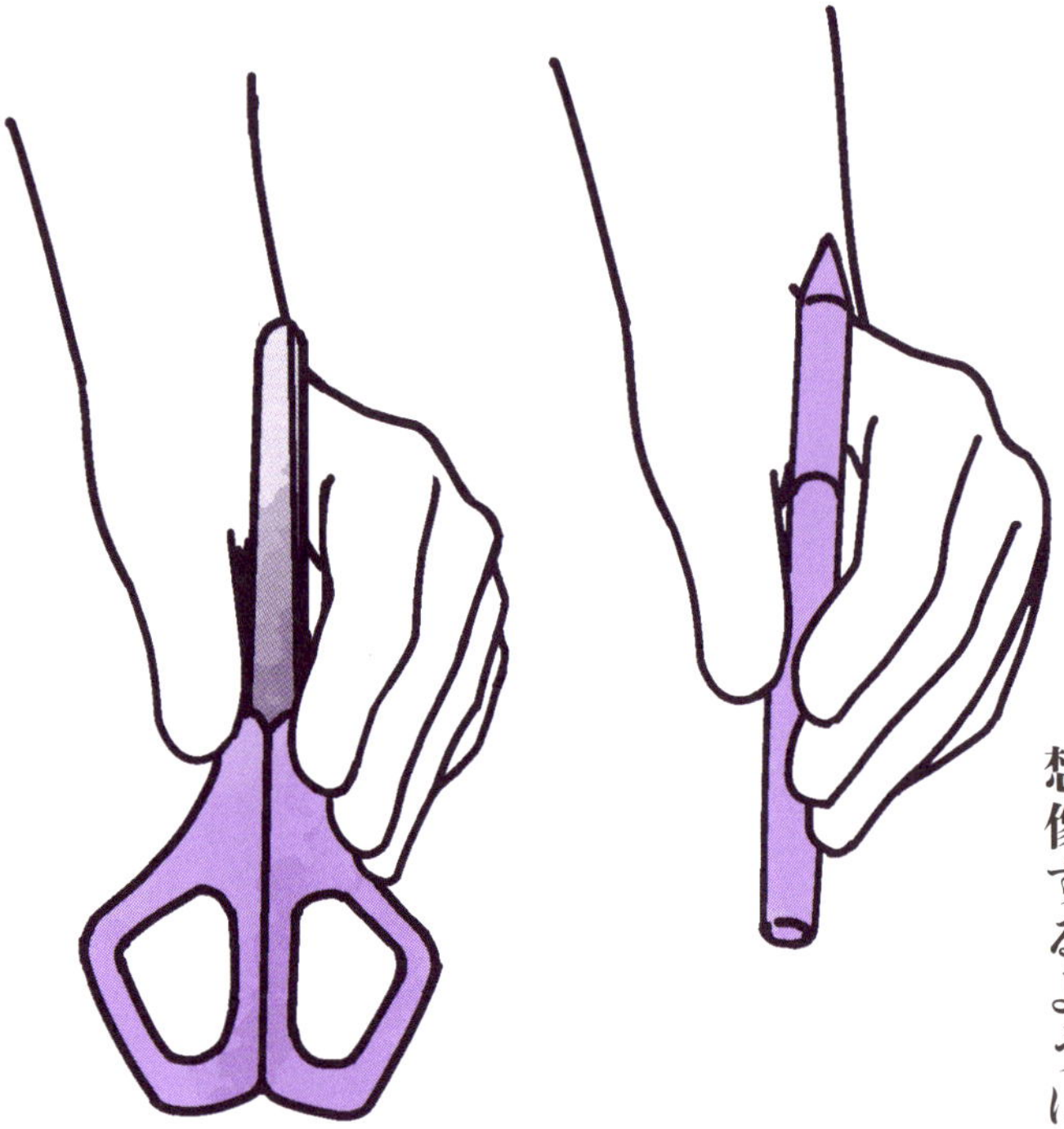

物を渡すときも円相が基本ですが、相手に物を渡そうと体を前に倒していくと、手は自然と前に伸びます。このように、腕と体の動きが手先につながっていれば、物を落としたり倒したりして壊すという粗相を防げるのです。「大切なおもちゃを渡すときのことを想像してごらん」といえば、子どもは嫌でも物をていねいに扱うようになり、そのためだと思えば円相を心がけるようになるでしょう。

相手が受け取りやすいように渡すだけでなく、相手がそれを受け取った後のことまで考えることを小笠原流では大切にしています。たとえばペンはキャップをはずして渡せば、すぐに書くことができます。ハサミやナイフは刃先をなめ上に向けて渡せば相手に恐怖感を与えず、相手も自分も傷つけることはありません。

こうした心遣いができれば、相手に好印象を与えることは間違いなしです。

ペンを渡す場合

キャップをはずしてペン先を自分に向け、人さし指、中指と親指のあいだにはさみ、相手の右手に渡す。インクが下にたれることのないよう、ペン先をやや上に向けることも忘れずに。

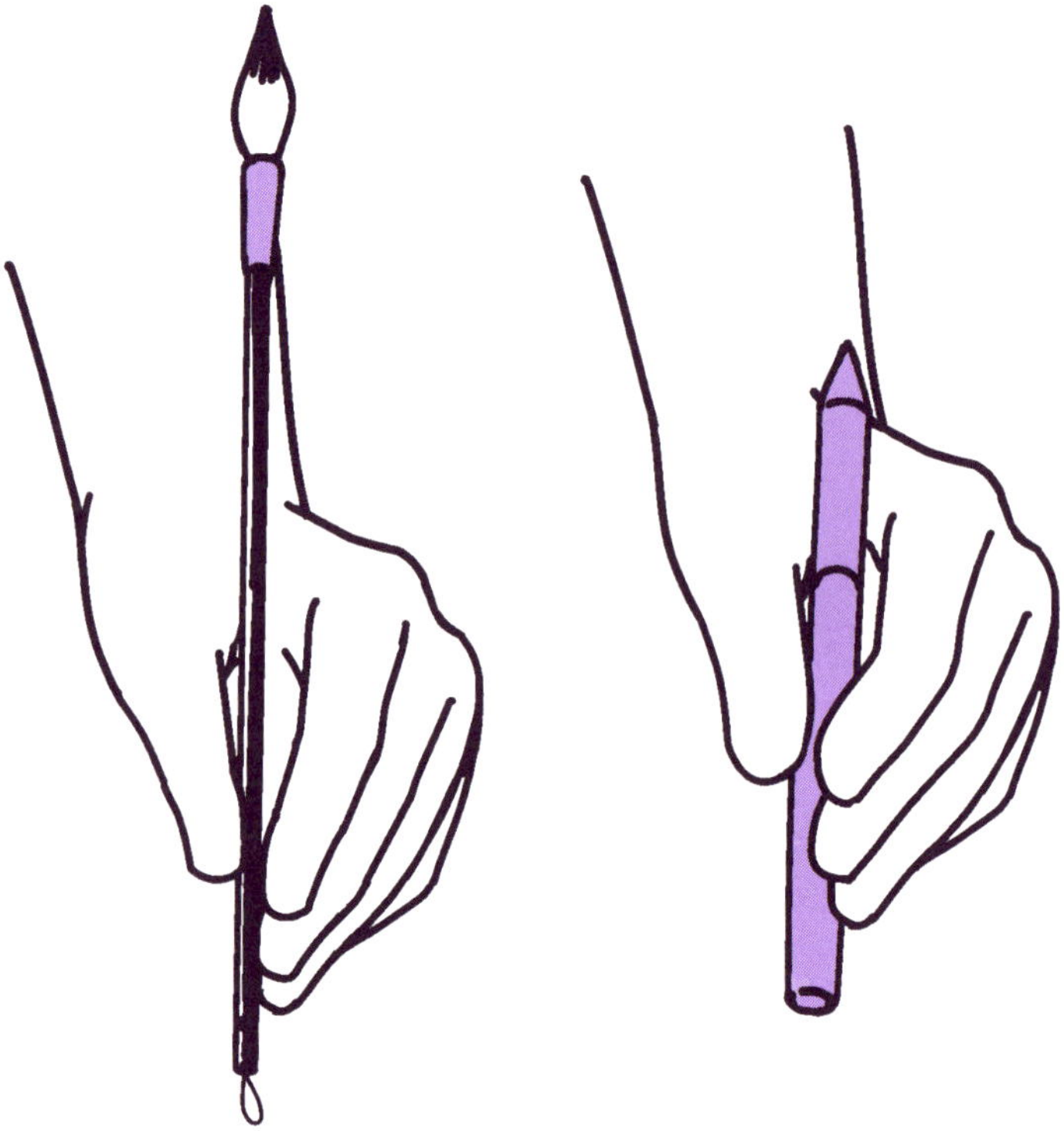

教えるポイント

相手を思いやる

物を渡すときは、相手が受け取りやすいことを考えて渡すようにと教えてください。ペンを渡すときにキャップをはずすのは、相手がすぐに書けるようにするためです。

ペン先を上向きに

インクが下にたれて周りを汚すことがないよう、ペン先を上に向けて持ちます。筆も、必ず筆先を上にして。

人さし指、中指と親指

この3本の指ではさんで持つと、いちばん安定します。

刃物を渡す場合

刃先をななめ上に向け、人さし指、中指と親指の間にはさみ、相手の右手に渡す。刃の部分を持って渡すのは危険ですし、サビの原因にもなるのでやめましょう。

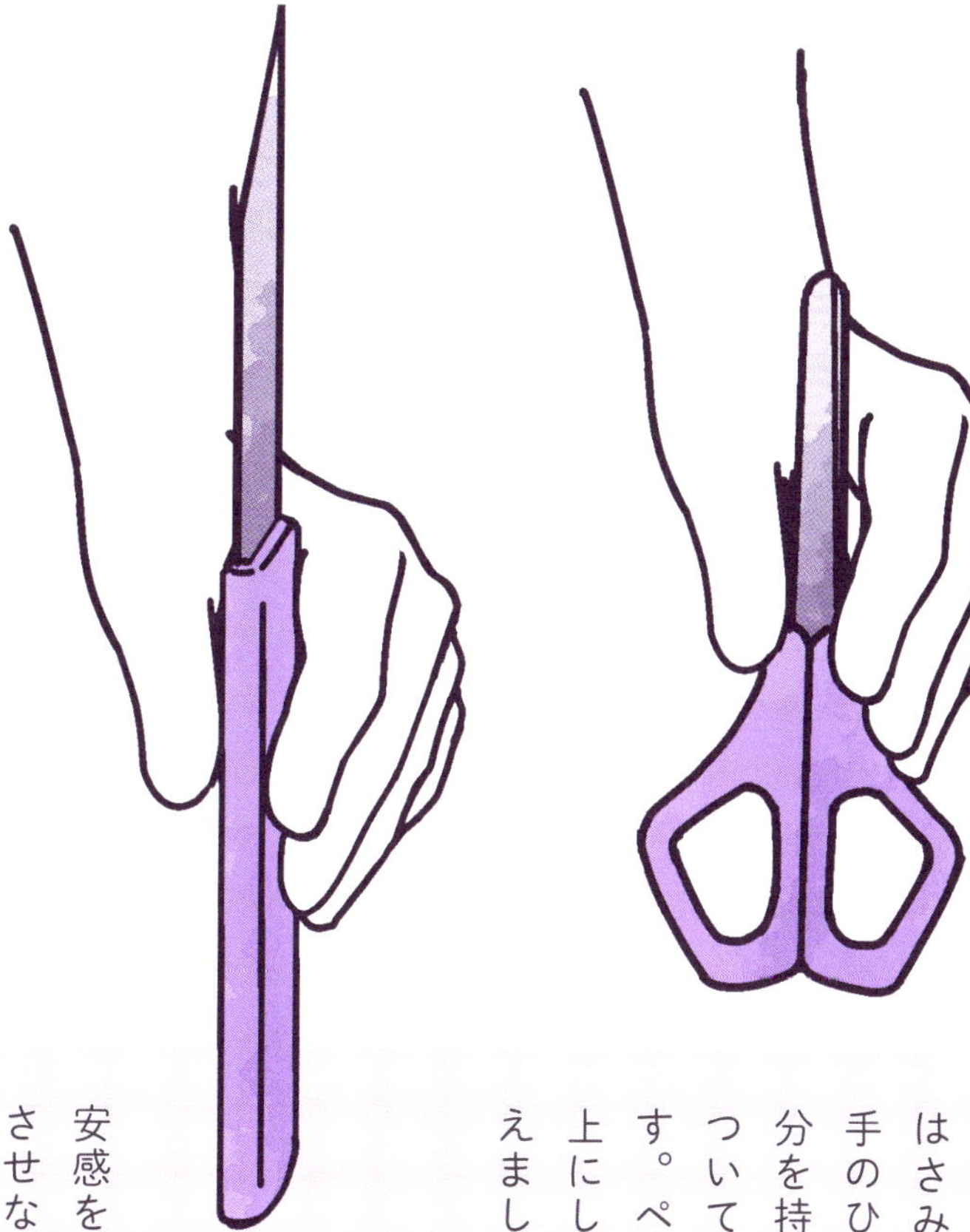

刃には触れない

はさみやナイフなど刃物を、手のひらに乗せたり、刃の部分を持ったりすると手の脂がついて、サビの原因となります。ペンと同じように、刃を上にして持ち、渡すように教えましょう。

物を渡すときは、相手に「落としてしまうのでは」という不安感を与えたり、危険を感じさせないことが礼儀です。

刃物を持つときは、自分自身もケガをしないように気をつけるよう、伝えましょう。

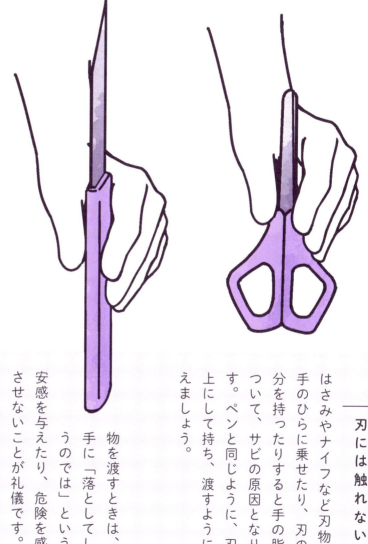

4

男子は左手で物を持つ

小笠原流では、物を持つときに男性は必ず左手を使います。というのも、武士は左の腰に差している刀を右手で抜かなければなりません。いついかなるときも刀を抜けるように、臨戦態勢を整えておくことが武士のたしなみとされていました。だから、利き手である右手ではなく、左手で持つわけです。敵が斬りかかってきたとき、右手がふさがっていたら応戦できず、命を落としてしまうかもしれません。それは「油断」「不覚悟」以外の何物でもなく、武士として恥である。そうした価値観を背景とする小笠原流では、男性は必ず左手で物を持ち、そこに右手をそえるのが基本でした。その名残りで、小笠原流においては現在も、男性は物を持つときは左手を使うこととしているのです。

5

訪問の作法

Q

友だちの家に行くのに、どうして作法がいるの？

A

仲が良い相手ほど、失ってしまうかもしれないからです。

よ

そのお宅を訪ねるときは、相手の都合をうかがってから行きましょう。訪ねたら、部屋を汚したり物を壊したりという粗相がないように気をつけます。部屋を片付ける手間をつくって、相手に迷惑をかけないためです。

これは、仲が良い友だち同士でも、いえ、仲良しだからこそ心がけたいもの。大切な友だちやその家族に不快な思いをさせて、おつきあいができなくなったら悲しいですよね。だから、作法が必要なのです。

心の持ち方として大切なのは、お互いの人格を尊重すること。相手の家のルールが、自分の家のルールと違うこともあるでしょう。でも、人によっていろいろな考え方があり、家の事情もさまざまです。どちらが良い、悪いではなく、「人は人、自分は自分」ということを、子どもにいって聞かせましょう。それが、お互いを尊重するということです。

14

「玄関での作法」正しい

靴の脱ぎ方でひとつで、自分への評価が大きく変わります。
ポイントは「相手に背を向けない」こと。
自己の人格を大切にするためにも、正しい作法を身につけましょう。

上着は玄関に入る前に脱ぎ、表を中に入れる「裏たたみ」にします。マフラーや手袋もはずします。これは、外のホコリや塵を家の中に持ち込まないためです。

家の中に上がるときは、「相手に背を向けない」と教えてください。背を向けるのは、とても失礼だからです。靴は脱ぎっぱなしにせず、向きを変えて下座に揃えます。見た目を美しく整えるだけでなく、おいとまする際にすぐに靴を履いて出ていけるようにです。

靴下が汚れているときは、相手にひとこと断ってから履きかえます。そのためにも、雨の日は靴下と汚れた物を入れる袋を持たせましょう。

なお、夏でも素足での訪問はNG。足の脂で、スリッパや床を汚してしまうからです。玄関での作法を正しくおこなえるだけで、相手に「きちんとした子」という印象を与え、大切に扱ってもらえるはずです。

玄関での作法

出迎えてくれた相手に背中を向けないように、下座側の足からまっすぐ上がる。玄関では、靴箱があるほうを下座と考えると良い。

教えるポイント

下座側の足から

玄関に入るとき、お宅へ上がるときには必ず下座側の足から踏み出すようにします。玄関では、靴箱があるほうが下座だと教えてください。

背を向けない

子どもに「靴を揃えなさい」というと、後ろを向いて靴を脱ぎ、そのまま後ろ向きに上がりがちです。それは出迎えてくれた相手に対し、大変失礼にあたると教えましょう。正面を向いて姿勢よく、まっすぐ上がるよう、徹底してください。

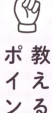

相手に背中を向けないように上がって跪座になり、靴の向きを変え、下座に揃えておく。このとき、使わない手は「指建礼」にする。

靴を置く位置

靴を脱いで向きを変えたら、揃えて、下座（靴箱のあるほう）に寄せます。

玄関でのあいさつは簡単にして、部屋に入ってからあらためて、ていねいにあいさつをするよう、伝えましょう。

お客様を迎えるときのことも、ふだんから話しておきます。日ごろから、部屋だけでなく玄関やトイレもきれいにしておく必要があります。そうやって、お客様を温かく迎える心を相手にきちんと伝えるために、気配りが大切だということを教えてください。

15

正しい「訪問の作法」

部屋の中を
勝手に歩き回ったり、
本やインテリアに
触ってはいけません。
座る場所は、
基本的には
下座の席です。

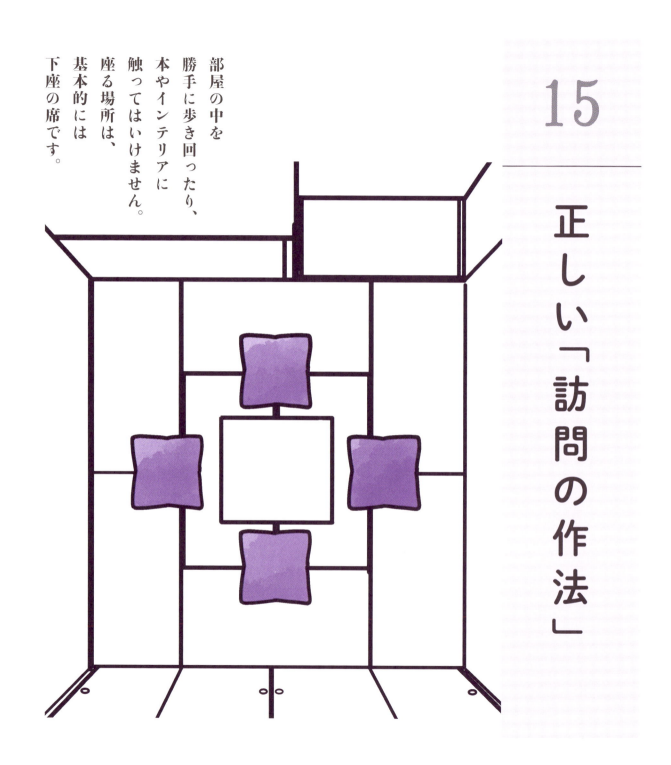

部屋に案内されたら、和室、洋室どちらでも入り口に近いところで静かに相手を待ちます。すすめられた席があれば遠慮しすぎず、お礼をいって席につきましょう。

自分がどこに座るべきかわからないときは、部屋の中の下座に座ります。それには、部屋の上座、下座を知っておく必要があります。和室では床の間の前が上座、入り口に近いほうが下座。洋室では、備えつけのマントルピースや飾り棚のあるところが上座ですが、もしそれらがない場合は、入り口から遠いほうが上座だと教えてください。

もっとも、上座、下座は時や所、相手によって変わることがあります。たとえば、目上の人が何らかの事情で入り口近くに座っていたら、そこが上座となり、その人からいちばん遠い席が下座となります。部屋の中ではつねに上座、下座を意識して、臨機応変に自分の居場所を決めることが大切です。

和室、洋室の上座、下座

和室
向かって右に床がある「本勝手」という床の間の場合。床の前が第1位（上座）、床に向かって右側が第2位（上座の次）、左側が第3位。出入り口にいちばん近い席が下座になる。

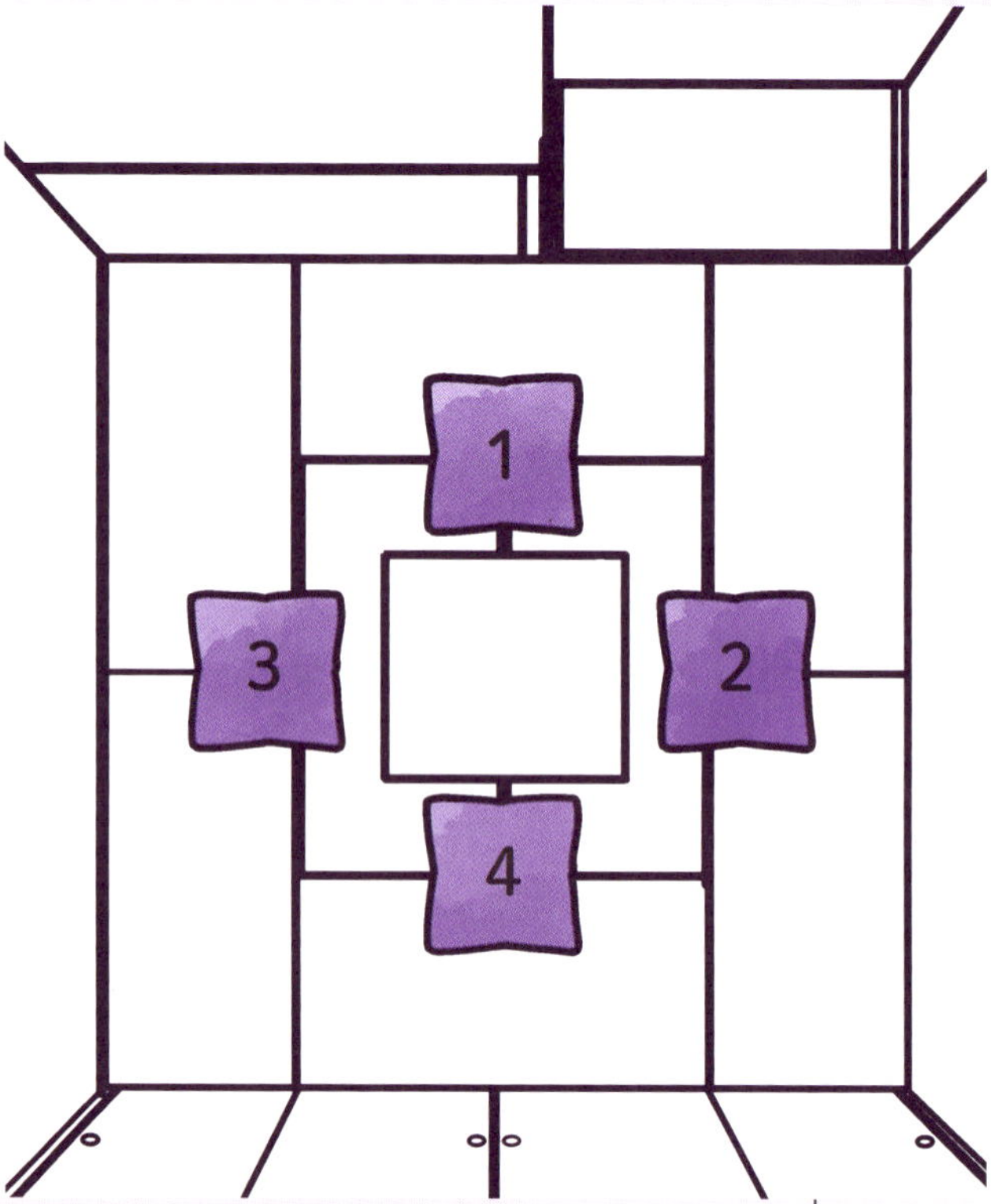

教えるポイント

上座、下座を知る

自分の家の中でも、和室洋室、いろいろな部屋で上座、下座の場所を理解する稽古をしましょう。

本来、和室の床の間は、両脇に脇床があるのが正式ですが、床と脇床が1つの場合は、向かって右に床があるものを「本勝手」、向かって左に床があるものを「逆勝手」といいます。逆勝手の場合は、床に向かって左が第2位、右が第3位。第4位は、本勝手と同様、出入り口にいちばん近い席です。

洋室
備えつけのマントルピースや飾り棚があるところが上座。そういったものがない場合は、入り口から遠いほうが上座。数人がけのソファがあれば、入り口から遠い席がいちばん上位の席になる。ちなみに長ソファに2人で座る場合は真中をあける。

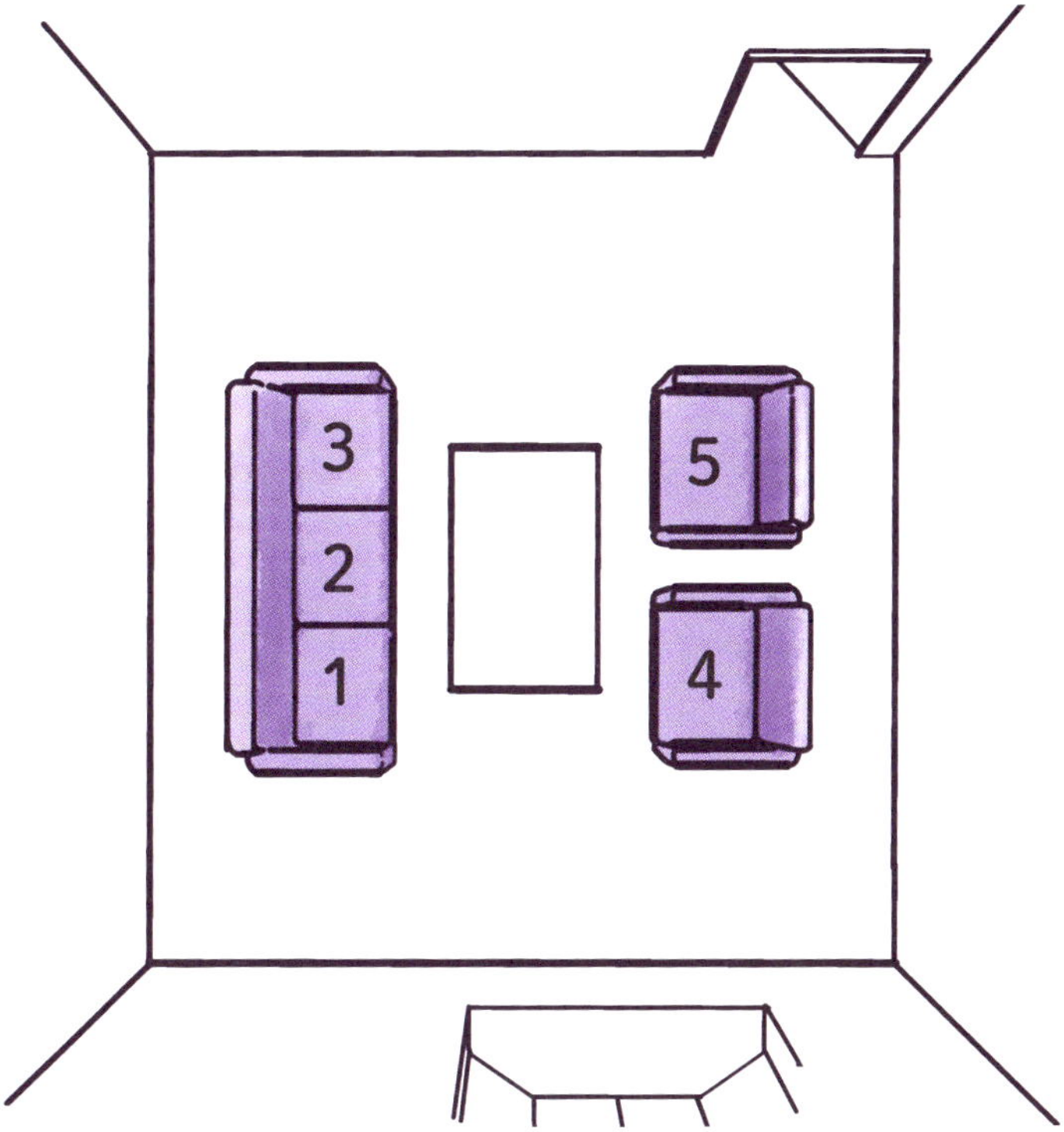

作法の由来は？

日本では一般的に、上位者が太陽の通る南を向いたとき、太陽の出る東を上位、つまり下位者から見て向かって右を上座とします。芝居でも、日本では舞台に向かって右が上手です。

西洋では上位者が太陽の出る東を向いたときに、暖かい南が上位、つまり下位者から見て向かって左が上座です。なお、応接セットが置かれている場合は、ソファが第1位の席となります。

16

正しい「お茶とお菓子のすすめ方と、いただき方」

もてなすときもいただくときも、
粗相が起きないように考えられた作法です。
身につけたほうが、安心してお茶を楽しめます。

まず、和室でお茶やお菓子をすすめる場合は、お客様の下座側から進み出て、手前で跪座になります。いったん、お盆を自分のひざの前に置いてから上座にそれを移します。両手で菓子皿を取り、テーブルの上に置いて持ち直し、お客様から遠いほうの手で出します。これは、自分の手がお客様にぶつかるのを避けるためです。

お茶も、お菓子と同じように出します。このとき、菓子皿も茶碗も「正面がお客様に向くように置くこと」と教えてください。いずれも正面がいちばん美しく見えるようにつくられているので、それをお客様に愛でていただくのが、おもてなしだからです。

お客様は、相手にすすめられたら、出された茶碗のふたを取り、お茶をいただきます。お菓子は、一口で食べられないものはフォークや楊枝で切り分けてから、いただきましょう。食べ残したら、懐《かい》紙《し》などに包んで持ち帰ります。

茶碗のふたの取り方

1. 茶碗のふたのつまみを、親指と人さし指で持ち、手前から向こうに開ける。ふたが茶碗に張り付いていることがあるので、ゆっくりていねいにおこなう。

2. 茶碗のふちに沿って回しながら、少しずつあおむけにする。

3. ふたをはずし、ひざの上でいったん持ち直す。

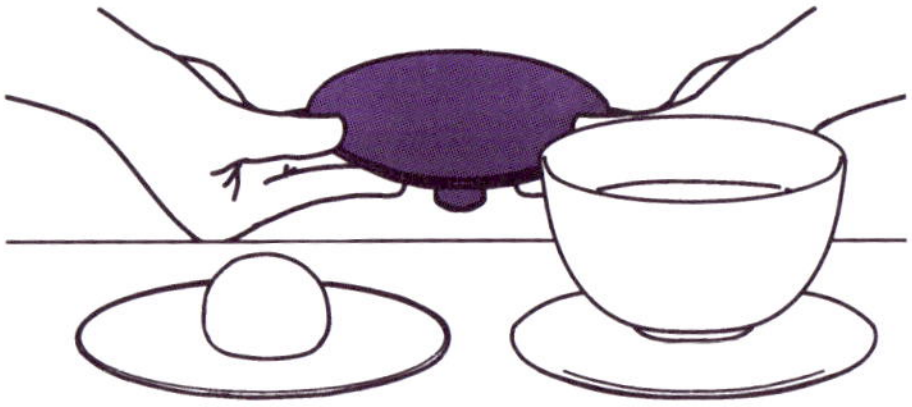

4. 茶碗の下座横に置く。

教えるポイント

お出しする手

お客様にお茶やお菓子をお出しするとき、「お客様から遠いほうの手で出す」を徹底しましょう。使っていない手は、「指建礼」か「折手礼」にするようにと伝えてください。使っていない手に注意を払うことで、動きが美しくなります。

ふたの裏のしずくに注意

茶碗のふたの取り方の作法は、ふたの裏についているしずくをテーブルや茶托、畳に落とさないようにするためのものです。カチャカチャと音を立てずにできるよう、稽古しましょう。

お茶のいただき方

1. 親指を手前、ほかの4本の指を向こうにして、茶碗の横を持つ。

2. ひざの上で、茶碗の下に手をそえる。

3. 姿勢をまっすぐに、崩さないようにして、体に沿うように茶碗を上げる。こうすると口元まで最短距離となり、粗相のリスクが下がる。

4. 口元まできたら、お茶をいただく。音を立ててお茶をすすらないよう注意。

教えるポイント

口を近づけない

口をお茶碗や菓子皿に近づけていくのは、見苦しい所作です。茶碗やお菓子を口に近づけるようにと教えてください。

茶碗は体に沿って

体に沿って茶碗を上げて飲むと、美しい所作となります。

お菓子のいただき方

一口で食べられない大きなものは、フォークや楊枝で切り分けます。いただくときは、手を受け皿代わりにせず、菓子皿か懐紙を使いましょう。

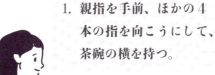

もっと知りたい
小笠原流礼法
5

上座・下座をつねに意識する

自然で美しい「立ち居振る舞い」には、その場の上座、下座をわきまえることが大切です。とくに訪問先では、その空間のどこが上座なのか、下座はどこなのかを知り、理解する必要があります。

招く側は、どの席に誰に座ってもらうかということを、だいたい決めているものです。部屋の上座・下座を理解できれば、自分が

すすめられた席の場所によって、自分の立場（招かれた客の中でのポジション）と、その他の人たちの立場を一瞬にして理解することができるでしょう。

すると、その場での振る舞い方がわかり、目上、あるいは格上の人に対して失礼なことをせずにすみます。つまり、上座・下座を意識するということは、自分の身を守るためでもあるのです。

6

食事の心得

Q

なぜ、食べる作法を覚えなければいけないの？

A

みんなが楽しく
おいしく食べられる
ようにするためです。

極端なことをいえば、家の中で、自分ひとりで食事をするなら、どんな食べ方をしてもかまいません。でも、たいていは家族と一緒に、ときには友だちや目上の方たちと食事をともにすることもあるでしょう。その人たちみんなが楽しく、リラックスして食事ができるようにするために、「音を立てて食べる」「食べ物が口に入った状態で話をする」「食事中に髪の毛を触る」など、相手を不快にさせる行為を慎まなければなりません。だから、合理的で所作としても美しい食事の作法を身につける必要があるのです。

さらに、心得として重要なのは感謝の気持ちです。食事をつくってくれた人、食材を育ててくれた人、それを加工してくれた人……多くの人の尽力があってはじめて、私たちは食事を口にすることができます。感謝の意を示すためにも、正しい作法にのっとって食べることが大切なのです。

17

正しい「箸の扱い方」

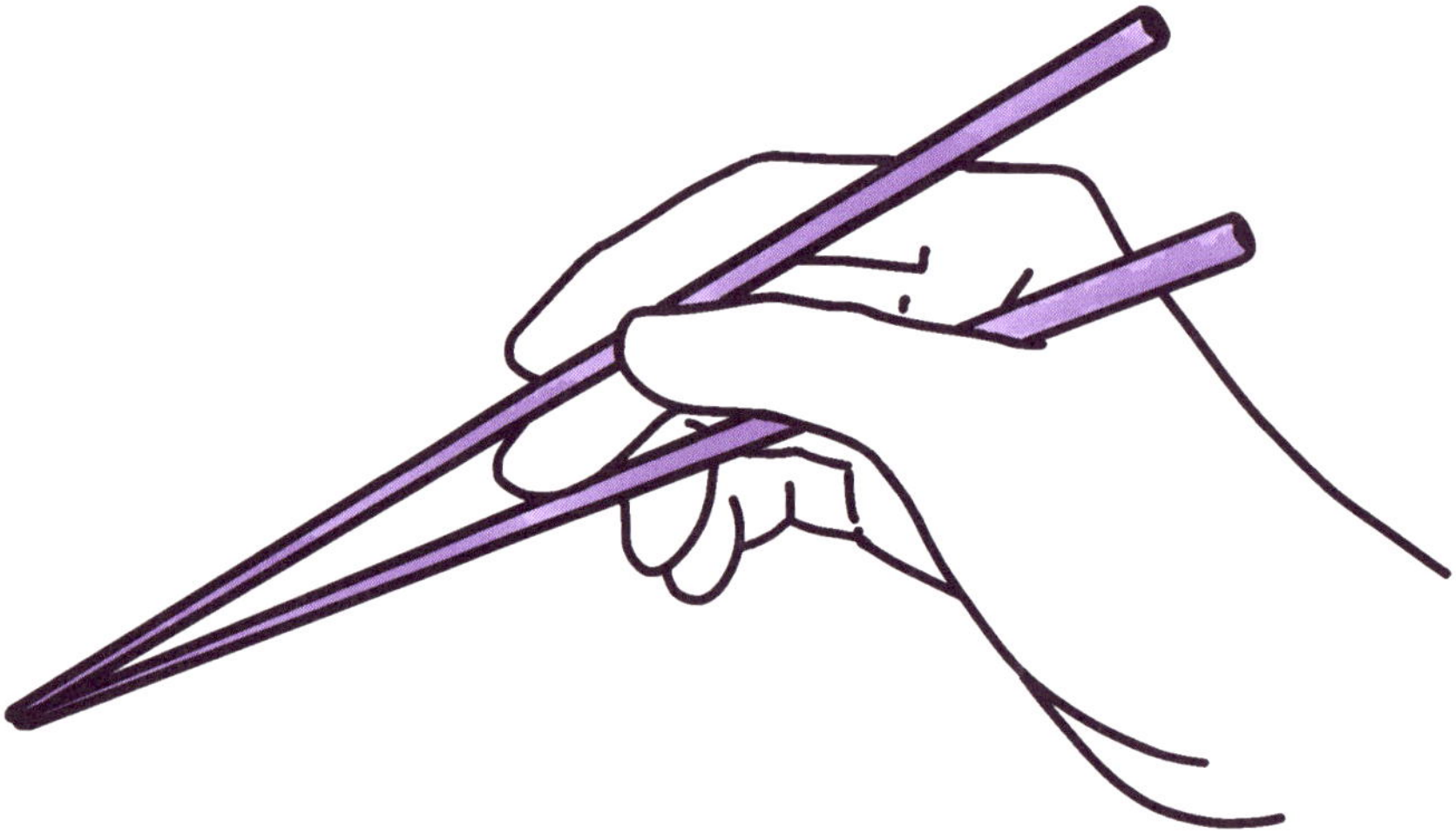

正しい箸の持ち方を覚えれば、
小さな物や細い物も
上手につかむことができ、
食べるしぐさも美しくなります。
箸の下のほうを持たないことが
大事です。

食事の作法の中でも、とくに気をつけたいのは箸の扱い方です。最近は、大人でも箸を正しく扱えない人が多いようです。子どもと一緒に、おさらいしてみましょう。

席についたら、感謝の気持ちを表す一礼をします。その後、右手で箸の中ほどを取り、いったんひざ元に引き寄せてから左手をそえて、正しい姿勢になります。これが「箸がまえ」で、「いただきます」の感謝の表現です。

深く握らず、「鉛筆を持つような感覚で」と伝えると、子どもは理解しやすいでしょう。

昔から「箸先一寸」といわれ、箸先はなるべく汚さないことが大切です。使う範囲は3センチ以内、と意識しながら食べると自然と食べ方が美しくなります。

また、食べ物を少ししかはさめないので、ダイエット効果も期待できます。

箸の持ち方、かまえ方

上の箸は親指と人さし指、中指の３本で持ち、下の箸は薬指の爪のあたりに乗せ、支える。

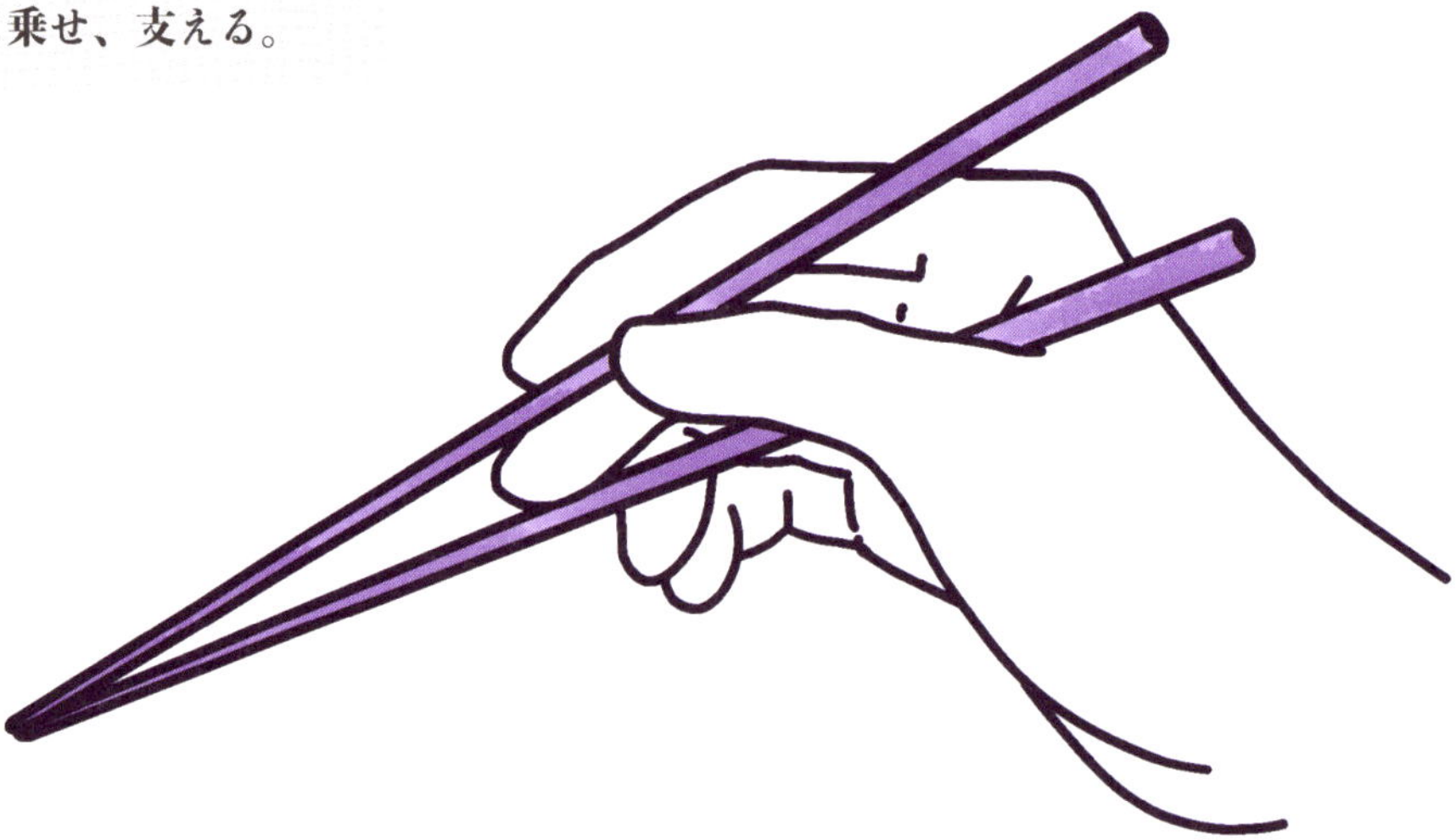

教えるポイント

本物の箸を使う

箸の持ち方は、一度きちんと覚えておかないと、大人になってもずっと間違ったままになります。子ども向けの練習用の箸も活用しつつ、本物で稽古すれば、確実に身につきます。

鉛筆を持つように

鉛筆で字を書ける子どもなら、普通に鉛筆を持つつもりで箸を1本持ち、その箸の下にもう1本差し込むと正しい箸の持ち方になります。この方法が、子どもにはいちばんわかりやすいようです。

1. 右手のひらを下向きにして箸の中ほどを取り、いったんひざの上に寄せる。下から左手をそえ、背すじを伸ばして正しい姿勢になる。

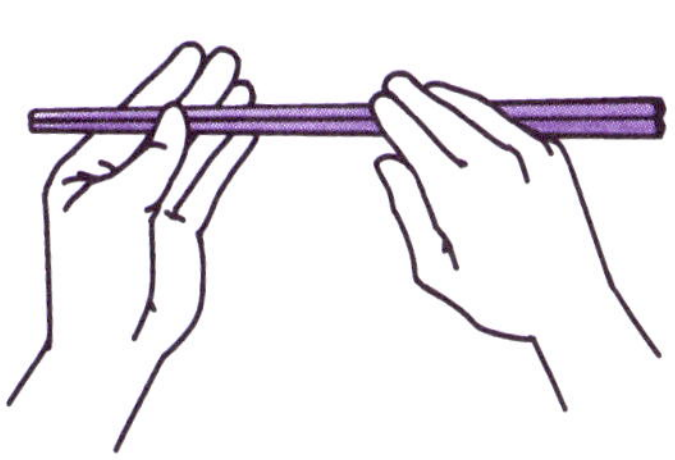

2. 右手を箸にそって下へまわし、持ち直す。筆を持つような感じで、中ほどを深く握らずに持つ。

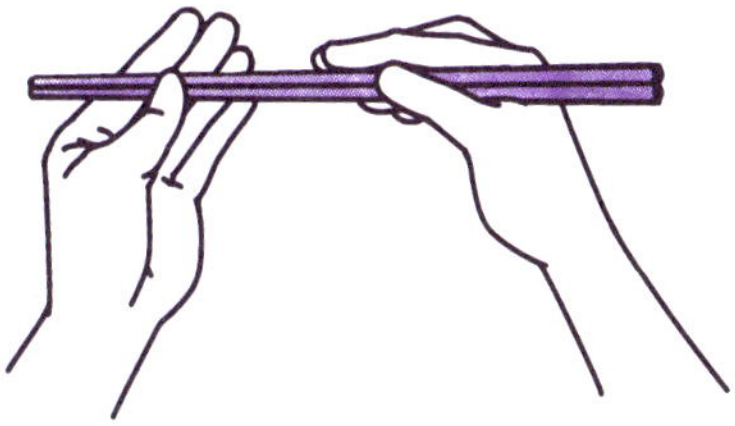

3. 上の箸は、親指と人さし指、中指ではさみ、薬指の爪のあたりで下の箸を支える。親指を支えにして中指を動かす。

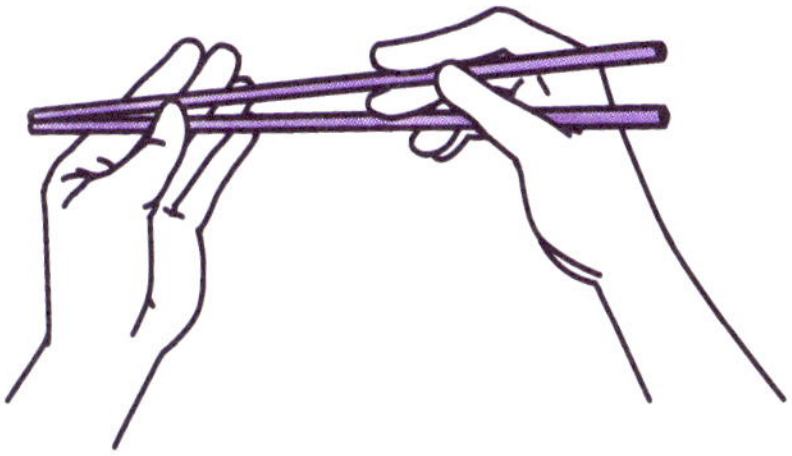

4. 食事中は、箸先をお膳の中にして、右ふちにかけておく。箸全体を下に置くと、食事の終わりを意味する。

礼は飲食に始まる

飲食の礼儀作法の心得が、実は、生活全般の礼儀作法の基本です。毎日三度の食事を正しい作法でいただくことが、すべての立ち居振る舞いを正しく身につけることにつながるのです。品格ある人間になるためにも、正しい食事のいただき方をしっかりマスターしましょう。

「いただきます」「ごちそうさま」の際に手を合わせるのは、宗教に由来するしぐさです。小笠原流では、それよりも、感謝の気持ちを込めて一礼することを大切にしています。

18

正しい「食事のいただき方」

体に無理のない美しい動きを心がけ、食事をともにしている人に不快な思いをさせないようにしましょう。

器《うつわ》を持つときは「体の中央より右にある物は右手で、左にある物は左手で扱う」と教えます。ふたを取るときも右にある器は右手、左にある器は左手で。無理をして右にある物を左手で扱うと、袖口やひじを器を当ててこぼしかねません。

箸がまえをしてごはん茶碗を取り、ごはんをひと口食べます。次に汁椀を取り、汁を吸って、具を食べます。肉や魚などを食べるときは、その前に必ず、ごはんをひと口食べます。これは、先に食べた物の味が混ざるのを避けるためです。

食事中は、席を立ってはいけません。トイレは食事の前にすませておきましょう。物が口に入っているときに話すことはNG。相手が食べているときも、話しかけるのはやめましょう。

音を立てて食べるのもいけません。クチャクチャした音を聞かされるのは気持ちいいものではありません。だから、自分も音を立てないよう、口を閉じてかみましょう。

食事のいただき方、ふたのとり方

器は、ひざ元に寄せて、体に沿って胸の高さに持ち上げて食べる。ごはん→汁物→ごはんを食べた後、おかずを食べ、次にごはんを食べる。おかず→おかずと続けて食べることはしない。

自分から見て左がごはん、右に汁。中ほどに香の物、向こう側に肉や魚などの主菜、野菜の料理がくるようにならべる。

教えるポイント

親がお手本に

楽しみのはずの食事が、ダメ出しばかりされていると食べるのがイヤになってしまうかもしれません。そうならないためにも、まず大人が正しい食事のいただき方を身につけ、子どものお手本となりましょう。

茶碗の持ち方

親指を茶碗のふちにかけ、残りの指で糸底《いとぞこ》（陶器の底）を持ちます。人さし指と中指、薬指と小指で糸底をはさむようにして持つと安定します。

1. 右側の器は、右手の親指と中指でふたの糸底をはさみ、人さし指は親指に、残りの指は中指に揃える。

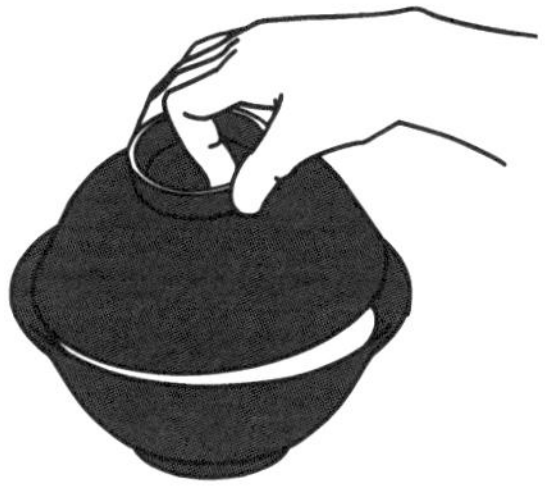

2. 手前から向こうに、ふたをあおむけに開けながら、ふちに沿ってまわす。

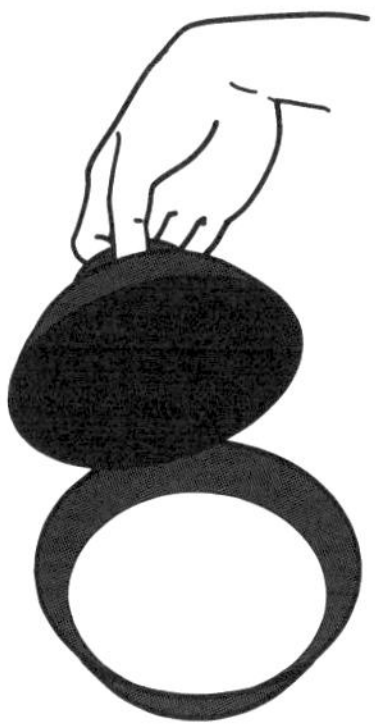

3. 左手をそえてふたを上向きにして、持ちなおす。

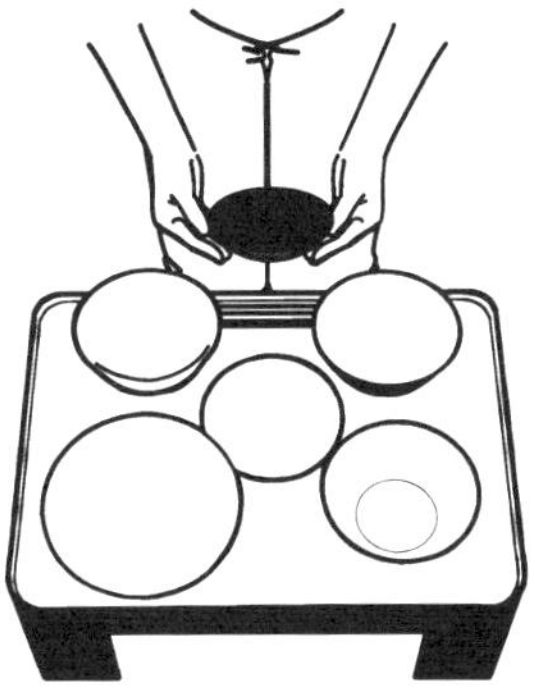

4. 上向きにしたふたを、下座側か、その器の近くの下に置く。

手皿禁止！

箸を持っている手と反対の手を受け皿のようにして食べている人を見かけることがあります。食べ物や汁がたれて手が汚れたら、その手はどうするのでしょう？　こぼれたり、たれたりしそうな物は、器を持っていただくようにと教えてください。

漬物を「香の物」と呼ぶのは、その昔、公家や武家のあいだで流行した「お香」のときに使うものだったからです。ずっとお香を焚いていて麻痺してしまった鼻をリセットするために、漬物を使用していたそうです。

19

つつしみたい箸使い

食べる所作、
とくに箸の使い方が見苦しいと
人格まで疑われかねません。
とくに気をつけたい箸使いを
覚えておきましょう。

昔は幼いころから、箸の使い方によって食事のマナーを教えてきました。たとえば、子どもがごはんをもりもり食べるのはよろこばしいことですが、口の中にたくさんの食べ物を箸で押し込むのは、いただけません。見苦しいだけでなく、食べ物が喉につかえたり、むせたりして危険です。

食事のときはあわてず、ごはんやおかずをほおばったようにならない程度の量だけ口に入れ、よくかんで食べるよう教えましょう。そのほうが料理をよく味わえますし、消化がよく、健康な体をつくることができるのです。

箸を多く汚さないことも大切です。食べ始めるときに箸の先を汁で濡らすことも、たしなみのないこととされています。

大げさなようですが、食べる所作が見苦しいと人格まで疑われかねません。人が見て、汚いとか目障りだと感じることをしないように、気をつけましょう。

つつしみたい箸使い

諸おこし
箸と一緒に器を取り上げること。ごはん茶碗を手にしながら、ほかの料理を食べるのもNG。

箸なまり
箸を持ったまま、どの料理を食べようかとテーブルの上をあちこち見まわすこと。

膳越し
遠くにある料理を、器を手に取らずに直接、箸で取って口にすること。また、ほかの器の上を通ることも膳越しという。

教えるポイント

箸を振り回さない

箸を振り回すことは、もっとも不作法です。箸先についた汁が飛び散ったり、同席している人に当たったりしたら迷惑です。絶対にやめるよう、いい聞かせましょう。

お手本を見せる

箸使いについても、親がお手本を見せましょう。わざと悪い箸使いをして、「こんなふうにされたら、どう感じる?」「テーブルの上が汚れるよね」など、ダメな例を見せながら解説するというのも良いかもしれません。

犬食い

ひじをテーブルにつき、器のほうへ口を近づけて食べること。人が見て嫌な気持ちになるだけでなく、姿勢が悪くなって食べ物がスムーズに入っていかず、お腹が痛くなる原因にも。

移り箸

おかずから別のおかずへ移ること。おかずの次にはかならず、ごはんや汁を食べて味が混ざるのをさける。

ねぶり箸

食べ物を口に入れるとき、箸先をなめるようにすること。

その他のNG箸使い

つつしみたい箸使いには、ほかに次のようなものもあります。これらも、子どもがよくやりがちです。不作法であることをしっかり教えましょう。

込み箸　口の中にたくさんの食べ物をぐいぐい押し込むようにして食べること。

惑い箸　箸をおかずにつけて、食べようかどうしようか迷うこと。

探り箸　下のほうに何が入っているのか、器に箸を入れて中を探ってみること。

ほかに、食べ物を箸に刺したり、箸で器を動かすのも下品ですから、やめましょう。

最初と最後を、あえてゆっくりと

礼法では、粗相のない動き＝落ち着いた所作を目指します。それは、粗相をして自分の品格を落とすことを防ぐだけでなく、周りの人たちを不安にさせたり危険にさらさないためでもあります。

落ち着いた所作をするには、体の中心を使って動くことが大切です。手先だけで何かをしようとすると、動作の最初と最後に勢いをつけてしまうからです。落ち着いて見えるためには、一定の速度で動くことが大切。コツは、動作の最初と最後の部分をあえてゆっくり動くよう意識することです。そうすると粗相の確率が減り、見た目にも落ち着いた動きになります。

動作の最初と最後をていねいにおこなうだけで、周りに与える印象はずいぶん変わります。ぜひ、試してみてください。

おわりに

小笠原家では、日常的におこなうようなことの多くは伝書に記載はなく、口伝《くでん》といって、口で伝えられてきています。そのため文章にするのは難しいところもありました。さまざまな方のお力添えを得て、誤解を招かない表現になるようつとめましたが、細かな真意を伝えきれていない部分も残っています。本文でも触れたように、自身で考える力をつけ、本質を理解していただきたいと思います。

私自身も幼い子どもがおりますし、礼法や弓術、弓馬術を習いに来られるお子さんに接する機会も多々あります。いつも彼らの観察力にはおどろかされます。感受性も豊かで、大人以上に各々の個性の違いがあると感じます。

個性を大切に、伸ばしていくことは重要です。しかしながら、協調性や他者への思いやりを持つこともまた重要です。人は多くの人と協力することで、より個性を伸ばすことができます。礼法とは社会生活を円滑にする上で必要な最低限の規則です。端的に申し上げれば「人の痛みを知る」ことかと思います。人を敬うことは相手に心の痛みを与えないことです。

食べ物が自身の口に入るまでには多くの方々の尽力があります。残すことはその方々に心の痛みを与えることになります。物理的な刺激を与える振る舞いは、むろん相手に痛みを与えます。このような振る舞いをしないためにどうしたらよいかと考えた結果に、所作があります。

どのようなことも、はじめは頭で考えて動きがちですが、慣れてくれば自然に動けるようになります。つまり知の教養から行動の教養になっていくのです。幼い頃から礼法を身につけ行動の教養にしておくと、成長に従い知識が増えたとしても行動が疎かになることはないでしょう。そして、行動の教養を身につけると行動の本質、つまり「なぜ、そうするのか」を見極める思考ができてきます。「かしこさ」とは成績の良し悪しではなく、発想力や応用力であると思います。それらを発揮するには問題の本質を理解し、基礎を発展させていくことが大切ではないでしょうか。

そういった力を育む助けに本書がなれば幸いです。

2019年　10月

弓馬術礼法小笠原流　次期宗家　小笠原清基

小笠原清基

おがさわら・きよもと

弓馬術礼法小笠原流　次期宗家

1980年7月、31世宗家小笠原清忠の
長男として東京に生まれる。
3歳より稽古を始め、5歳より小笠原流の諸行事に関わる。
小学5年生で鶴岡八幡宮の流鏑馬神事において射手をつとめる。

大阪大学基礎工学部卒業後、
筑波大学大学院にて神経科学博士を取得し、
博士論文が研究科長賞に選ばれる。

「家業を生業としない」という家訓から、
現在製薬会社にて癌の治療薬の研究をおこないながら、
週末などを利用して流鏑馬をはじめとした
流儀の継承につとめている。

かしこい子《こ》どもに育《そだ》つ礼儀《れいぎ》と作法《さほう》

よくわかる小笠原流礼法《おがさわらりゅうれいほう》

2019年11月11日　第1版第1刷発行

著者　小笠原清基《おがさわらきよもと》

発行人　宮下研一

発行所　株式会社方丈社

〒101-0051　東京都千代田区神田神保町1-32 星野ビル2階

tel.03-3518-2272 ／ fax.03-3518-2273

ホームページ http://hojosha.co.jp

装丁　寄藤文平+古屋郁美（文平銀座）

イラスト　津久井直美

構成　鈴木裕子

DTP　山口良二

印刷所　中央精版印刷株式会社

　ISBN978-4-908925-54-2